大是文化

我的一天勇敢三次

나의 하루는 세 번 시작된다

勇敢行動的人先享受人生，
這樣找人、談錢、讀書、筆記……
成為一個「動詞人」，我翻身成功。

13家企業的CEO，在YouTube等社群擁有20萬名粉絲
柳根瑢——著
陳思瑋——譯

目次

第二章 創業，就是勇敢找人、勇敢談錢 67

第三章 勇敢行動的人先享受人生 107

第四章 分享，你的成功與困難 169

推薦序一

成功的道路不擁擠，因為堅持的人不多

NU PASTA 總經理、職場作家／吳家德

「**成功的道路不擁擠，因為堅持的人不多。**」這是我讀完本書最大的心得。

我超愛書中的第一句話：「我是成功的人。」作者這句話，打中了我的內心，因為我覺得，人一定要相信自己會成功，成功才值得降臨。

雖然我覺得自己很認真，但不像作者這麼勤勞與努力。我不會懷疑作者的用心與投入，反而會相信，一個人之所以變得越來越好，就是因為他全力以赴與永不放棄的精神，驅動他走在成功的道路上。

作者說：「讀書和筆記是我人生中堅持最久的習慣。」關於這兩個好習慣，我非常有共鳴，至今活到半百，我也因這兩個習慣，讓人生倒吃甘蔗，穩健踏實。

自從踏入職場，不再為考試成績而讀書，而是為了學習新知而閱讀，當動機不一樣時，成就當然也就不同。

我從西元二〇〇八年開始，每天寫日記、天天記錄我的生活點滴且不中斷，筆記的範圍涵蓋學習課程、工作紀錄、人際關係、投資理財、心靈宗教、社會公益等。我與作者的觀念如出一轍：知道自己不足，所以追求成長。

整本書的內容精華，到處可見「追求卓越」的態度與精神。

「坐而言，不如起而行」是作者一直強調的開始才是成功的解答。接著，必然會遇到接踵而來的考驗和挑戰，**堅持到底與持續學習便是掃除困難的萬靈丹**。最後，作者透過寫書、演講、經營社群分享他的人生經驗，讓更多年輕人少走冤枉路，也是他持續進化變得更好的關鍵。

最後，我想藉由寫這篇推薦序，告訴讀者我閱讀《我的一天勇敢三次》後的最重要感觸。這本書雖是作者的奮鬥成長史，但也得以讓我們反思和借鏡，他的人生這樣過，那我們的人生該怎樣活？

每個人的狀況都不盡相同。打從原生家庭開始，再到學校教育與職場歷練，每一個人生階段，都在淬鍊我們的人格心智與價值觀。

遇到好事，充滿感恩；遇到壞事，勇於面對。平時與人為善、廣結善緣，危難之際，會有貴人出現拉你一把並度過難關。行有餘力之時，幫助別人，你會感到歡喜自在、豐盛喜悅。樂觀看待未來，規畫讓自己無虞的物質生活，我覺得這是最棒的人生體驗。

推薦序二

一個因為閱讀，從幾乎滅頂到航向彼岸的男人

《人生路引》作者／楊斯棓

在這本書裡，我看到一個原本幾乎快滅頂的男人，從因閱讀而載浮載沉，接著靠勤做筆記，而學會在人世間泅泳，到藉由筆記後的各種行動而加速航向彼岸。

作者出身極為平凡的家庭，如果投胎可以選擇，你一定不想在他家啼哭。他自嘲讀毫不起眼的學校，十幾歲經常進出警察局，到快三十歲才想清楚人生該怎麼活、如何過，現在竟成了眾人矚目的企業家。

何以致之？

是閱讀，且不單單只是閱讀。閱讀後的筆記，作者已經累積寫了一百五十本，足以證明他迥異於一般讀者。筆記後的種種行動，讓他的人生大翻轉，如今堪稱悠遊人生。

我特別喜歡書中他提醒自己與讀者應該如何、不該如何的段落。譬如他是個不囥步（按：囥音同抗。不傳授自己知道的技術或祕密）的人，愛分享的態度，反讓他進步神速。撰寫這篇推薦序前，我受《姐，整理的是人生》作者廖心筠及其經紀人 Cole 邀請上直播節目，聊到「人際斷捨離」的話題。

作者柳根瑢是個人際斷捨離高手，懂得讓自己「被更優秀的人包圍」，並強調「遠離帶給自己負面能量的人」。他明確的建議「去認識那些生活品質比你好的人」，且表示「如果真的找不到的話，透過讀書也是一種方法」。

我的人生軌跡，正如作者所說。

三十年前，我沒有機會認識地球物理學博士陳唐山，但我可以熟讀他的傳記《定根台灣陳唐山》。誰能想到三十年後，我在美國智庫全球臺灣研究中心創辦人黃文局先生的《大局》新書發表會上，與陳唐山博士皆受邀致詞，當時我還帶著

《定根台灣陳唐山》一書請他簽名。

二十年前，我透過書本認識詩人李敏勇、歷史學家吳叡人，甚至是媒體人鄭弘儀，雖然當時我沒有什麼契機能跟他們打交道，但我透過閱讀，了解他們的思想和所長。

今年我受邀與李敏勇、吳叡人同臺演講，若沒有過去累積的閱讀、不斷的反芻、行動，直至同臺那一刻，也不會那麼令我心生感動。

比起那些不閱讀、不思考、無清楚目標的人，選擇放棄主宰自己的一生，把一切都歸咎於旦夕禍福。本書作者因閱讀、反覆思考、以及有目標的行動三部曲，慢慢掌控自己的人生。

作者沒背景、沒學歷，但他不隨波逐流，選擇透過閱讀，把他人的智慧當作基石，讓自己往下一個目標前進時，穩實安命。

如果你的背景比作者強、學歷比作者好，還比作者年輕，就深諳閱讀的好處並付諸行動，那你的人生，一定大有可為！

序言

不足，推動人成長

我是成功的人。除了人們常對我說：「瑢老師一定會成功。」事實上，我目前經營十三家企業，是擁有百億韓元資產的投資人，也是透過部落格、YouTube 和 Instagram 與二十萬名訂閱者互動的網紅。

事實上，在獲得這些成就前，我彷徨的度過了學生時期。我原本沒打算繼續升學，不過在學校老師的勸說下，還是找了一間只要繳學費就能讀的鄉下專科大學。只是我沉迷遊戲，虛度了光陰。

到了二十幾歲中段到三十歲出頭，我才開始不斷嘗試各種事情，雖寫過部落格、出過書、舉辦讀書會、當過英文講師，甚至曾年薪破億韓元，但因持續講課會損耗自己的身體，停止講師工作後，加上準備結婚所以消耗積蓄，在三十二歲時去了麥當勞打工。

雖然當時的我沒錢，沒有人能拉我一把，也沒有好看的履歷，但我擁有時間，還有一旦開始就要堅持到底的熱血。再加上我在軍中養成閱讀習慣，把從書中獲取的知識與技巧，運用在生活中。這些積累下來的經驗，就成為了成功的基礎。

我利用當英文講師的經驗，每年開設一百五十堂以上的自我成長與房地產相關課程，培養超過三萬五千名學員。不僅如此，我還根據以前用部落格來行銷的經驗，在部落格、YouTube、Instagram 等社群平臺上累積二十萬名粉絲。此外，我也持續寫作，出版逾十本書，累計銷量超過十萬本。憑藉閱讀各領域書籍，我投入了房地產投資，靠五千七百萬韓元（按：約新臺幣一百三十七萬元，全書韓元兌新臺幣之匯率，皆以臺灣銀行在二〇二四年九月公告之均價〇・〇二四元為準）的起步資金，在六年內實現百億韓元資產的目標。

我把過程中的學習和感受全寫進書裡。除了分享實現財富與成長的方法，還會提到實現夢想所需的心態、態度和祕訣。

讀書和筆記是我人生中堅持最久的習慣。至今，我讀了一千五百多本書，十五年來寫了一百五十本筆記本，而本書就始於這些紀錄。

我在第一章會介紹為什麼我會一天勇敢（行動）三次，並說明是什麼原因改變我的人生、如何設定目標和安排時間，以及怎麼有效做筆記等。對我而言，**成功的單位是一天**，所以**每天帶著怎樣的目標生活是非常重要的**。

我的人生因為我在軍隊中面臨的問題而改變。當時的我為了找出答案，看了很多書並設定目標。為了達成目標，我把時間切割得很細，很努力生活。為了確保動力，我不斷記錄想達成的目標和要完成的事，以切身感受自身成長。

第二章到第四章，則會反映出我的人生軌跡，讓讀者體驗我如何以企業家、投資人與創作者的身分度過一天。

我經營部落格，分享知識技術，擴展自身影響力。我還投身房地產投資，挑戰法拍或共同投資等新投資法，透過反覆實踐從而增加資產，奠定事業基礎。最後，透過人際關係，學習連結彼此，讓事業得以成長。簡單來說，我每天都在重複以上的行動。

我把過程中獲得知識的技術整理成三部分：成長（第二章）、挑戰（第三章）、擴展（第四章），並在後文把這些內容和我的故事一起分享給讀者。最後一章則談閱讀。

因為我沒有任何人事物能依靠，**書本總在我設定目標、需要動力或是艱苦的時候陪著我**。十幾年來，我每天至少讀一本書，說我大部分的紀錄都與書有關也不為過。對於如何透過閱讀讓自己快速成長，我比誰都有信心。這也是為什麼我在本書最後分享閱讀的關鍵。

我的成功源於匱乏——沒有背景、學歷，也沒有人能依靠，所以推動我的力量，來自於我極力想擺脫不足的心境。每個人難免會感到哪裡不足，我希望透過自身的故事，能給予人們啟發與成長契機。

書中不斷提到，越是挑戰、累積經驗，成功的可能性就越高。相信書中至少有一部分內容能引起你的共鳴，只要實踐，並根據自身情況調整、應用到生活中，你就能打造出自己的成功法則。

改變就從這裡開始。

第一章

我的成功單位是「天」

剛畢業那幾年，我在電信公司裡負責諮詢工作，以防止用戶解約。由於需要錢，我一進公司就拚命的工作，創下了最高業績。

對我來說，若能往上爬到更高的位置，就會感到滿足。然而看著上司，我發現不管怎麼努力，也無法描繪出光明的未來，即使努力晉升，以後也只會處理更難、更辛苦的違約案件。所以我產生了辭職的念頭，這份工作並不是我想要的。

我做過也辭掉過很多工作。每當我遇到這樣的狀況，總會自問：「我想成為怎樣的人？該怎麼生存下去？我想過怎樣的人生？」

接著依據這些問題的答案來挑戰新工作，並檢查目標。而這些都成為了現在成功的基礎。

1 用三種身分過一天

我把一天分成三等分，每個時段從事不同的職業：

1. 上午六點到十點：企業家成長日。
2. 下午一點到六點：投資人挑戰日。
3. 晚上九點到十一點：創作者擴展日。

上午的我是經營十三家公司的企業家；下午是擁有百億韓元資產的房地產投資人，也是專門教法拍的講師；晚上則是創作者，透過部落格、YouTube、Instagram，把我作為企業家與投資人的知識分享給大眾。

每個人擁有的時間都一樣，不過根據使用方式，時間的價值會增加或減少。而我可以把一天過得像七十二小時，甚至更多。

企業家成長日

為了投資美股，我會在早上六點收盤前醒來（按：美股有兩個收盤時間，夏令於臺灣時間清晨四點；冬令於臺灣時間清晨五點。而作者提到的時間是指韓國時區）。依據股價下跌就買進的原則，確認股價後再決定投資。

六點半上班後，我會處理十三家企業的工作。藉由判斷工作的急迫與重要程度，來安排處理順序。由於有太多事要做，早上通常會忙得不可開交，直到十點左右工作才會結束。

不過幾個月前，我開始接送家裡的老大和老二上學，所以必須趕在九點前結束工作。所以我想辦法提高工作精準度與效率，迅速解決重要的事，減少失誤，也不會因時間緊迫而做出錯誤的判斷。

早上對我來說很珍貴，因為我還處於試錯階段，對身為企業家的我而言，上午是成長的時光。事業是與員工們一起發展起來的，我從書中讀到的內容和所有見過的人那裡學到很多東西，透過與他們連結，我的事業有所成長。

另外，我利用閱讀獲得的各種習慣來提高工作效率，而這些成長的基礎全都源於人和書籍之上。

投資人挑戰日

我每週有兩天在午餐後健身。健康很重要，少了強健的體魄，財富與名譽都是浮雲。接著，身為投資人挑戰新事物的一天就開始了。

我透過和人接觸，獲得新事業的靈感，也會實地走訪房地產，找尋新的投資地點。有時則不讓人打擾，獨自制定事業計畫或看書，這段時光有助於整理我的思緒，偶爾還會閃現一些點子。

目前為止，我一直反覆挑戰很多事，放棄後又重新挑戰。雖然二十幾歲時在徬徨中度過，但現在我知道那些經歷造就了現在的我，而這也是我強調要不斷付諸行動的原因。

創作者擴展日

我會盡量回家和家人一起吃晚餐。九點左右幫孩子洗澡，把他們哄睡後，我再回到辦公室，把當天寫的筆記和想法記錄到社群媒體，寫在部落格或拍攝成YouTube 影片。

我相信分享能帶來力量，是因為我經營部落格而獲得出書機會並開始講課，甚至因部落格行銷的緣分，讓我有機會和女友求婚，後來還進入了那家遊艇求婚公司。種種經歷，讓我習慣透過社群媒體分享所有的知識。

我感受到影片的力量後，除了把知識上傳到部落格，在 YouTube 發布有關法拍投資的影片之外，最近也開始經營抖音。因為我認知到，透過各種社群媒體傳播內容，才是擴大我影響力的途徑。越多人因為我的內容得到幫助，我能做的事情就越多。

到了約十一點，我才回家休息，雖然會和老婆一起看 Netflix，但不會超過一小時。由於我的胃不好，為了幫助消化，我會在跑步機上跑三十分鐘，接著洗澡、睡覺，就此結束一天。

我今天所做的事，就是到目前為止個人經歷的縮影。**把每一天累積起來，造就出明日的自己**。對我而言，**成功的單位就是今天**，這就是為什麼我要把一天切分成三段，忙碌的過日子。

有些人看到這種生活方式會說：「這樣有什麼樂趣？」或是說：「這樣遲早會累垮的。」但我只要看到工作所取得的成果，努力付出並創造相應的結果，感受自己的成長，就不會疲憊。

如何知道自己成長？只要設定目標就行了。

設定好目標再將過程切分成小目標一一實現。不知不覺中，看到自己實現目標的模樣，就會覺得自己又成長了。

2 改變從提問開始

奧地利精神醫學家阿德勒（Alfred Adler）說：「不論現不現實，目標是否明確，重要的是擁有人生終極目標。而某些人的問題，是他們沒有任何目標。」但對於像我這樣一無所有的人而言，連設定夢想都像一件大事，所以需要時間坦然面對自己並思考。第一步該做的就是檢視自我。

在軍中，我頭一次擁有審視自己的時間。剛開始執勤時，我只會發呆。不過逐漸適應新環境後，腦海中的雜念跟著消散，從不曾想過的問題一一浮現。回顧過去的人生，我開始想：「我為什麼這樣生活？我只能這樣生活嗎？什麼是更好的生活？未來應該怎樣生活？」

若想挖掘自己的另一面並轉換思維，就必須改變提問。所有的變化都是從提問開始，這些問題成為了我的轉捩點，甚至在我失去方向時，這些問題會成為指南針，指引我踏上正確的道路。

像科學家一樣檢驗自我

我們總以為很了解自己，事實卻相反。當我們客觀的審視自己，會對想像中的「我」和真實的自己之間的差異，感到驚訝。

在《逆思維》（*Think Again*）中，作者亞當・格蘭特（Adam M. Grant）表示，為了成功與幸福，我們必須掌握「重新思考」的技術。只是人們一直以來都根據自身經歷與迄今所學，來思考、行動，所以違背自己所知道的事物，感覺就像在否定自己，這也是一種保護自我認同的本能。

亞當表示，我們應要摒棄無法改變自我認同的想法。人即便成年也不會完美，只能不斷思考，拋棄不需要的部分，重新學習，再逐漸成熟。因此，我們必須擺脫對自己過度自信，懂得重新思考才能學習成長。那些討厭動腦的人常常有各種藉口：「就算做了，也行不通。」、「以前試過，但就是沒辦法⋯⋯。」、「感覺太難了，隨便做做就好。」、「不是還活著嗎？就這樣過吧。」

如果你常說這些話，就代表更需要好好思考。

重新審視自己的方式其實跟科學家很像，提出假設、進行實驗，根據結果修改想法。我們可以列出一張清單，寫下自己擅長與不擅長的事、做什麼會感到快樂或不開心，藉由逐一執行與檢驗，藉此更清楚的認識自我。

光是等待不會有答案，要尋找

為了審視自己，應該多和自己對話，我的方法是每天寫日記。寫作本身就是與自己的溝通，而且透過文字更容易釐清思緒。寫日記時，我都會問自己：「該怎麼生活？」

為了找出答案，我開始閱讀。雖然無法馬上解惑，也可能永遠都找不到答案，或以為悟出的解答其實是錯的。不過，人們都說世上沒有所謂的正確解答，透過持續自問，並用「這樣做可行嗎」的態度嘗試，如果沒有取得預期的成果，就修改再試其他方法。**人生的解答不是等待，而是要自己尋找。**

3 成功從來不問學經歷

二、三十歲的人通常都抱著想在特定公司就業的目標。我沒什麼學經歷，所以很難在企業裡上班，但也因此能夠嘗試更多的職業。

如果畢業於醫學大學，前途就會縮小到成為醫生。就算是其他領域，也會優先考慮自身專業為主的工作。像這樣預先限制自己要走的路，如果沒有成功就業，就會受到很大的打擊，也會被其他人貼上失敗標籤。

以我的背景來說，連進企業的門檻都不到，到處碰壁，經歷了不少失敗，不僅沒找到一條我能走的路，更感覺有牆堵在前方，讓我既害怕又鬱悶。

為了生存，我在那堵牆的縫隙中尋找出路，走過狹窄的小巷，發現了人們未曾注意的道路。擺攤、做外送，也曾在拖欠薪水的公司上班，做了許多沒體驗過的事，所以積累各種經驗。

由混亂的點變成巨作

我不斷嘗試各種工作，相信拚命努力才能換來成果，付出多少努力就能有多少收穫。這就是為什麼我不能停止努力。

事實上，直到三十歲初，我的人生沒有達到任何成就，好像只是到處留下點狀的記號而已（按：這裡的點是指作者嘗試、體驗各種事情）。某天，我把這些點全部連起來（按：指活用各種經驗），漸漸形成了一幅美麗的畫作（按：最終獲得的成果、成就）。人類不是神，無法提前知道最終完成的畫作會長怎樣。因此，為了提高畫出巨作的可能性，我們得盡可能多留下記號。

不曾試錯的人生也許很美好，只畫幾個點就乾淨俐落的連接成線，但這種生活風險很大，因為只要第二個點畫錯，人生看起來就像個嚴重的錯誤。

像我這樣隨便亂點的人，步伐很輕盈。如果感覺不對，就在旁邊畫上另一個點。比較三個點和三十個點的人，當然後者會有更多的可能性。三個點能畫成的線是很有限的，但三十個點能連接起來的線卻很多。雖然這些線條看起來複雜凌亂，但最終它們會變成豐富美麗的圖畫。

在人生中盡量多點上一些點，然後把連接這些點的工作交給未來的自己。這樣就算已經準備好畫出屬於自己的巨作了。

現在的我還在畫新的點，準備創作另一幅畫。記號畫得越多，我就越懂訣竅，因為知道該如何連接現在和以前的點，也知道這些點的影響力有多大。因此，現在可以更有策略的畫上新的點，也相信自己能更快呈現出我想要的畫作。

在人生的白紙上，握著筆做記號的不是別人，而是自己。我要照自身意願運用時間、金錢與精力。

想成為自己人生的主人，就不要被他人束縛，自由自在的畫上自己的點。就算稍微偏離那條線又怎樣？人生沒那麼容易完蛋。誰也不知道這樣的點會創造出怎樣的畫。盡情的做記號，盡情的連成美麗的圖畫吧。

4 相信目標，別相信意志力

知名美國勵志作家布萊恩・崔西（Brian Tracy）說：「沒有目標的人就像被判無期徒刑，他們必須一輩子為擁有目標的人工作。」

在我二十歲中段時，這句話提醒了我必須保有目標。畢竟沒人想過著從屬於他人的生活。於是我設定目標，不斷思考達成的方法並予以實踐，直至今日。

該如何設定呢？我先舉個例子。

A決定學英語，於是他買了幾本教材，並報名課程，打算一有空就看美劇練習聽力。

B則計畫在一年內考到多益九百分。為此，他每天花兩小時寫多益考題，每天背三十個單字。如果六月考到七百分的話，就去補習班再提升考試成績。

誰更有可能達成目標呢？當然是後者。

前者並不是缺乏意志力，而是因為**目標不夠具體，很容易浪費時間在思考方法，而不是實際執行，讓人覺得就算今天不做，也還有很多時間，因此懈怠**。

用具體數字設定目標（見圖表1），能提升專注力，轉眼間就會發現自己正在一步一步接近目的地。因此，我喜歡（甚至可以說是執著）用數字來設定目標。

自從開始閱讀後，我決定每年讀三百六十五本書。做到這件事後，我提高標準，改為每週讀十本，每年共讀五百二十本。在不斷提高目標與實現的過程中，我感受到極大的成就感和喜悅。

圖表 1　一般人設定目標，只會寫下要做什麼，而作者會利用數字，具體寫下該怎麼行動。

順序	目標	具體的目標
1	兩年內購置屬於自己的房子。	購入江西漢江邊 30 坪的房子，2015 年 7 月 21 日前達成。
2	法拍成交。	每個月法拍成交一次。
3	一輩子讀經濟學。	閱讀經濟新聞，相關課程每個月至少上一次，持續聽線上課程，每天讀 2 小時的經濟學。

看房地產時，我也制定了三六九原則：

1. 每天看三小時以上。
2. 進去六家仲介看看。
3. 看九個以上的物件。

我下定決心，要是沒有達成這些數字就不回家。

從我住的區域開始慢慢擴大範圍，三個月內，我看了超過四百間房。當時連車都沒有的我，真的非常辛苦。

相較於多讀書或多看房的籠統目標，用數字具體設定的話，能更快達成。

每天設定三個目標

設定大目標時，重點在於拆解，如每年、每月、每週、每天等單位。

一次跑十公里讓人感到既茫然又疲憊，容易放棄。但如果拆成較小的目標，像是「先跑一百公尺」、「接下來再多跑五百公尺」，除了比較容易完成，心情也輕鬆許多。

就如同我把一天分成三等分，制定目標時，根據自己的生活模式來劃分一天，這樣就能快速成長。

舉例來說，上班族很難主導自己的工作時間，那麼可以把一天分為清晨、上班時間和晚上，每個時段設定三個目標。就算與工作沒有關聯也無所謂，也能制定自我成長或興趣相關的事。例如：

1. 清晨：做三十分鐘的有氧運動。
2. 上班時間：完成二〇%的企劃案。
3. 晚上：背十個英文單字。

也許有人會說自己太忙了，很難再切分出時段。但就像德國詩人歌德（Johann

Wolfgang von Goethe）曾說：「別說三十分鐘是如沙粒般微小的時間，利用這段時間做些小事，才是明智之舉。」即便時間很零碎，也得擠出來。

一百億韓元的黃金紙幣

與用具體數字設定目標同等重要的，就是將目標寫下來，讓自己能隨時看見。我把讀書目標、看房目標，以及每天要查詢幾件法拍物件這些目標數字化後，貼在隨身攜帶的筆記本封面上，藉此不斷提醒並激勵自己。

另外，為了時刻銘記目標，我會隨身攜帶一張一百億韓元（相當於新臺幣兩億四千萬元）的黃金紙幣。資金超過一百億後，就改攜帶一千億韓元（相當於新臺幣二十四億元）的黃金紙幣。雖然不能用金錢來衡量一切，不過因為是白手起家，想證明自己的價值，看看自己能賺到多少錢。

錢並非一切，但最適合作為衡量成長的工具。每當看到黃金紙幣時，我都會提醒自己不要滿足於現狀，要更加努力。而且如果相信自己是千億資本家，就要以那樣的標準做出行動，相信最終一定會達成目標。

擁有堅強意志的人並不多，即使迫切渴望，僅靠籠統的目標與願望是難以有所作為的，所以我們需要用具體數字把目標寫下來。開始行動後，就要持之以恆，將行為日常化，進而變成習慣。

5 千思不如一行

透過書籍，我接觸到了新世界，隨後深陷閱讀的魅力之中。因為我非常渴望成功，想了解其中的祕密，所以讀了特別多自我成長類的書籍。我到處找尋答案，想知道實現目標的人是怎麼行動且擁有什麼習慣，而書本提供了許多成功的方法，我的心情彷彿挖到寶一般。

當然，因每個人的才能和所處環境都不同，所以書中的方法不一定適合所有人，內容也未必都是正確的，但是我認為書中出現的，至少比自己憑空想的方法還要好。

成功人士都會提到的重點是多讀書，並且對每件事都抱持正面的態度。雖然這樣做不一定會成功，但至少不會變得目前的狀況更差。因此我有了新的目標：

「好！就照書裡說的方式過日子吧！」

變化始於行動

開始閱讀後，會發現世上有很多我們不知道的事。把讀過的內容付諸行動後，才會明白為了提升到下一個階段，自己還需要了解什麼。相較於閱讀，我認為實踐更為重要。

舉例來說，假設我不擅長打掃和整理。早上起床後一直到晚上，床鋪一直呈現混亂狀態；回家後脫下的衣服，原封不動丟在原地好幾天；資源回收或一般垃圾也不會馬上處理，堆積如山。

但有一本書說：不會整理的人就無法成功。於是我花時間在打掃和整理上，為了不讓東西堆著，我開始思考怎樣才會讓自己馬上收拾。而我想出的方法，是用紅筆在顯眼的地方寫下要做的事，例如在垃圾桶上貼便利貼「滿了馬上倒」，在衣櫃上貼「穿過的衣服物歸原位」，在床頭的牆上貼「起床後整理床鋪」。

想改變某些事情，光靠頭腦想是沒用的。如果可以的話，我甚至想在腦子裡貼便利貼：**學到的東西一定要付諸行動！**

自我成長的書經常提到早起的重要性，所以我也嘗試在早上四點起床，說些自我肯定的話語、讀書和看報紙，有效運用寧靜的時間對我很有幫助，也很適合我。剛開始從事法拍時，多虧有這個習慣，我才能在七點前抵達公司，抽出時間查詢法拍物件，而這也成為了我目前的財富基礎。

到現在我都維持早起的習慣。然而，極端減少睡眠時間不是長久之計，如果要清晨四點起床，那至少要在晚上九點到十點間入睡。

有些人晚上的工作效率更高，所以要多方嘗試，找出適合自己的方法。

建立良好習慣的日常

首先要透過不斷的嘗試，以找到適合自己的生活模式。我的做法是：

閱讀→記錄→意識→重複執行

可是，就算貼了便利貼提醒自己，人也不會在一夕之間改變。改掉習慣的決心經常被迫在眉睫的事情拋諸腦後。直到某刻驚覺，自己依舊維持一樣的行動，會自責道：「我意志力好薄弱，我好失敗。」如此一來，自尊心會逐漸降低，陷入無力感中，最終真的成為失敗的人。

如果能夠馬上改掉數年來養成的習慣，人也不會過得那麼辛苦了。重點在於要不斷重複到身體會自然而然的行動為止。在拋棄壞習慣並養成好習慣的過程中，我總是重複這個模式，把想養成的習慣寫下來，看著它們直到自己意識到這件事情。

如果實踐不如預期，就把能激勵自己的句子貼在隨身攜帶的筆記本上。順帶一提，最能激勵我的是韓國俗語「千思不如一行」。意思是與其在腦中想一千次，不如實際行動一次。

從早上睜開眼睛到睡前，我會把該做的事貼在顯眼的地方，因為我知道習慣會改變人生。每天完成當日工作所帶來的成就感、改掉壞習慣所帶來的滿足感，讓我一點一點嚐到成功的滋味，再由這些小小的成功經驗引導我邁向更大的成功。

6 一百五十本筆記教會我的事

為了更接近成功，前面提過可以把目標或例行公事寫下來。而且每天持之以恆的記錄，能讓人確實看見自己的變化。

在過去的十五年，我寫了超過一百五十本筆記，除了紙本外，我還會用印象筆記（Evernote）等應用程式來記錄，甚至因此開設部落格。

回顧過去寫下的東西，能夠得知自己的成長過程，進而產生信心，覺得「我能做到」。而看到自己抄下的佳句，也會回想起那些在調整心態的艱困時期，並從中感到安慰，看得見成長，肯定會產生動力。在這個章節裡，會讓大家看看過去的我如何記錄。

如果不習慣記錄，可以先從一本計畫用的筆記本著手，一開始就想把所有事情都寫下來，也許會覺得不習慣，說不定還會中途放棄，所以我希望你從書中挑選一、兩個方法跟著做。感恩日記也好，讀書筆記也行，無須拘泥於形式。記錄幾次之後，你就會找出最適合自己的方式，重點在於持之以恆。

月計畫

首先是月計畫，我把每天的生活一一寫在月計畫裡，也就是所謂的生活紀錄（lifelog）：

1. 起床時和睡覺前，每天檢查自己的狀態。
2. 約定好的事情就馬上寫下。
3. 簡短敘述一天的工作。
4. 讀過的書名。
5. 這個月必須完成的事。

通常我會在早上記錄自己的狀態，身體狀況不好的話，就回頭檢視生活紀錄，以找出原因。我發現自己在午夜前入睡的話，早上的狀態會更好。了解自己的生理時鐘，就能夠更有效的安排一天。

根據事情性質，以不同顏色區分，能更容易掌握一天的日程。在下頁圖表2中，我用紅筆標記演講的行程、藍筆寫出和別人有約的事。在同一處整理出所有行程，就不會忘記跟別人的約定或忘記演講了。

在當天行程的欄位中，按時間順序簡單記錄一天。只要看著這些寫下的東西，就能一目瞭然當天完成的事項。

我會用螢光筆標示讀過的書名，當我翻開筆記本看到很多螢光標記，就代表該月讀了很多書而感到欣慰。反之，如果螢光筆標記很少，就反省自己，進而更努力閱讀。我決定好當月必須完成事項的處理順序後，會另外寫必須趕快解決及需要花較長時間的事，並將已經完成的事項標記起來。

我用以上方式記下所有日常，就算沒有度過特別精彩的一天，不管日常多瑣碎，這些紀錄都會成為我的歷史。開始寫月計畫後，自然而然就想更充實的過每一

圖表 2　作者的月計畫，會根據事情的性質，以不同顏色的筆記錄。

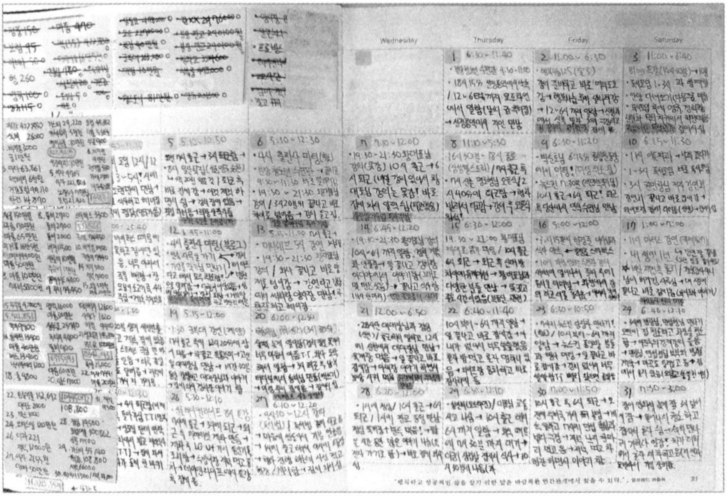

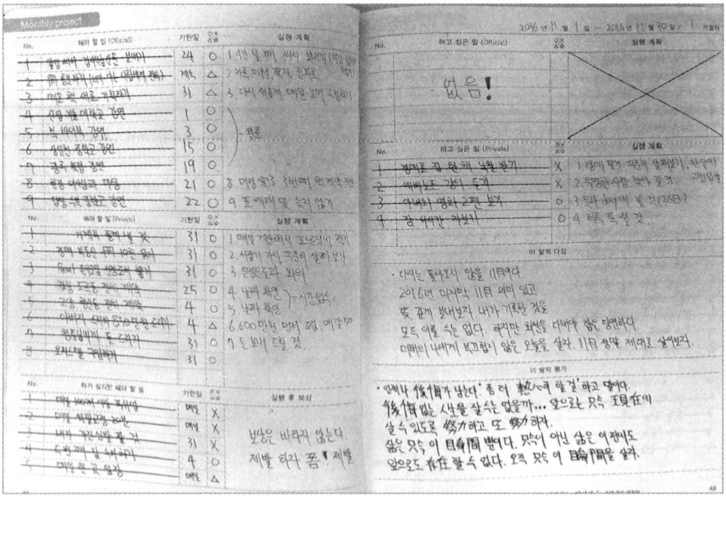

天。回顧一整天，我會反省和稱讚自己，想著未來要做和想嘗試的事，決定明天開始要怎麼過日子。比較這個月和上個月，為了過上更好的生活而努力。

日計畫

每日的具體計畫我會記錄在日計畫裡。把每天定下的事情當作小挑戰並一一執行，藉此積累小小的成功經驗，而日計畫也可以視為日記：

1. 寫下今日決心。
2. 今天要做的事或想做的事。
3. 決定事情的優先順序。
4. 一天的行程或激勵自己的話語。
5. 回顧過去的一整天，寫下稱讚與反省。
6. 記錄最近讀過的書與學到的東西等。

今日決心可以寫「今日事，今日畢」或「今天要全力以赴」等。

今天要做的事就正如前文說，把一天分成上午、下午、晚上。**如果有很多件事要做，可以按事情類別分類，而不是按時間記錄**。下頁圖表3是我二〇一六年的筆記，當時我在經營部落格、個人事業，同時還在遊艇公司上班，所以劃分成三欄。

把今天該做的事情全都記下來，再按優先順序編號，每完成一項就劃掉。如果有當日無法解決的事項，就把它移到隔天的欄位裡。

不管事情有多瑣碎，只要早上寫下感恩日記或正面話語，內心就會變平靜，還會產生勇氣。有時狀態不好，感覺疲憊，就試著把原因寫下來，光是這樣，就能消除壓力，緩解不良情緒。晚上回顧過去的一整天，如果覺得過得不錯就稱讚自己，不滿意的話，就寫下需要反省的部分。

過去已經過去，未來還沒到來，**當下才是必須全力以赴的時刻**。記錄每天要做的事、想做的事並實踐，人生就會朝著自己期望的方向前進，抱著每天都在開啟人生之門的心情，來管理自己的生活吧。

圖表 3　作者的日計畫，將每日的具體計畫寫在日計畫裡。

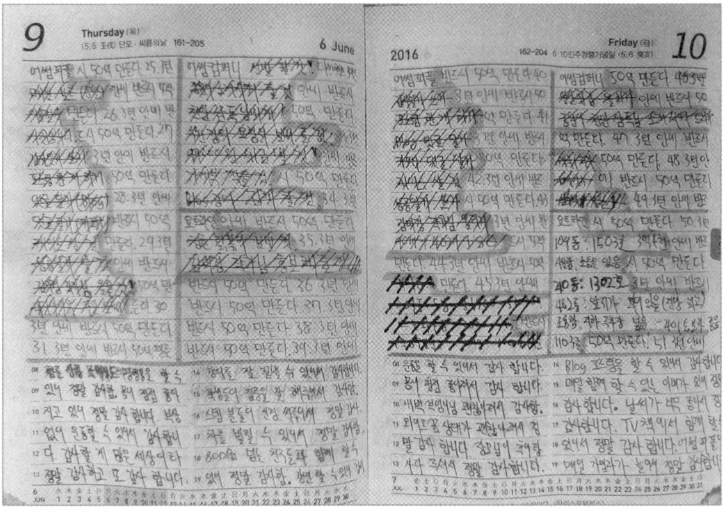

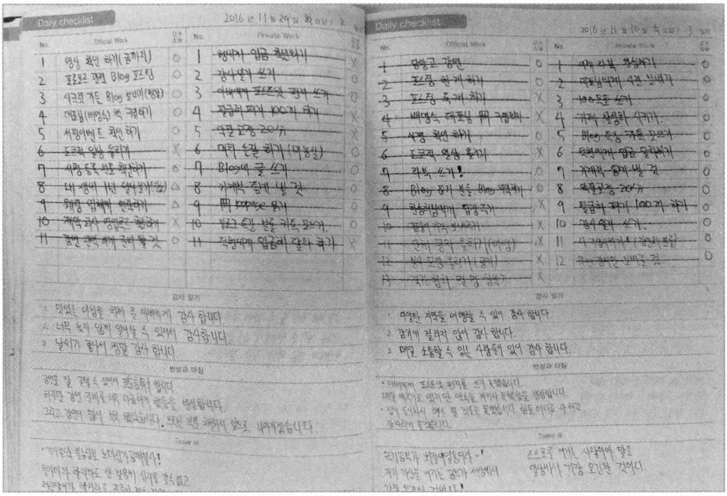

7 至少要一百天，才知道對什麼感興趣

白手起家的人有個特點，是投入與專注。

他們專注於自我，培養自身能力，而且很有行動力，一有想法就立刻執行。不要跟他人比較，當自己人生的主人！把想法付諸行動，積極主動的過日子。

我原本連幾千萬韓元都沒有，歷經五到六年，最後擁有百億韓元資產。在短時間內取得巨大的成功，有些人會懷疑我是否僥倖，比如因為某間房地產大漲或是中樂透。其實並非如此，我的人生沒有這麼順遂。即便有如此好走的路，我們也要認為這種捷徑不存在，如此一來，在收穫結果時才能問心無愧。

我累積了十六年經驗，不斷嘗試各種挑戰，而且一旦開始行動就會決心要做到最後。二十八歲時，我開始每天讀一本書。隨著讀完的書越來越多，我的閱讀能力

也跟著增強、提高領悟力，看完一本書的時間漸漸縮短。之後沉迷寫部落格，接著又看上房地產投資。

為維持生計，我做過很多工作，無論做什麼都盡情且熱情投入，到了某一刻，這些經驗產生協同效應（按：又稱加乘性、協助作用、協助效應，指一加一大於二），成果就一次性爆發了。

持續投入熱情與努力，終於找到了需要我而且自己也最擅長的事。過去的試錯經驗積累起來，當機運來臨，我便迅速成長。哪怕沒有機運加持，只是資產規模不同，我相信生活肯定也比以前更好。

不只成功對我有益，失敗亦是如此。有了閱讀的訓練，我能大量讀取房地產的相關知識，並有效找到屬於自己的投資方法。由於經營部落格，我知道怎樣發布房地產資訊才能引起大家的關注，加上英語講師的經驗，要開始傳授法拍知識也相對容易。每一刻我都全力以赴，過去的經歷與其他事情產生了協同效應，為我開啟了一條道路。

別馬上否定某事不適合自己

「早上犯的錯，晚上不修正；今日犯的錯，明日不修正，你就不可能成為賢明之人。」我在《我使用的晨型人筆記》（暫譯，臺灣未代理）中讀到這句話，感到當頭棒喝。書中寫道，要把體質變成晨型人需要時間，所需時間剛好是一百天。

無論做什麼事，都需要投入一百天到六個月。我們無法只憑一、兩次的嘗試，**至少要花一百天歷經各種情況，才知道自己真正對什麼事感興趣**。只有這樣才會有所收穫，也能判斷是否要繼續現在正在做的事，或選擇放棄。

真正投入其中也要花點時間預熱。人**對於不太了解的事**，容易慌張，因此很難專注。所以請**不要急切的期待成果，也不要馬上就認定這件事不適合自己**。

以我為例，剛開始投資房地產法拍時，不僅沒有收益，還一直被其他出價高的投資者擠下去，好幾次都未能得標。而且許多參加法拍的房產都綁著租賃合約，必須等合約到期，兩年後能出售時才能獲利，急著追求利潤反而會吃虧。因此，我建議初學者別期待能立即獲取高收益。

「享受自己喜歡的事物，就會成功。」我認為這個說法只是好聽話，不過如果是成功人士所說，那其中一定藏著不間斷的努力。

關於努力，我沒什麼好說的，既不有趣也不酷，但是為了成果，即便不愉快，我們還是得瘋狂投入一段時間。

8 沒有目標，就會被慣性拖累

有些人會感嘆，自己比誰都努力讀書，也學了成功人士的生活方式，然而自己的生活卻沒有改變。怎麼會這樣？

舉個例子，某人設定目標，要清晨五點起床。雖然第一週按計畫順利進行，但到了第二週，他因身體狀況不佳，三天沒能早起。恢復健康後，他在第三週再度五點起床。就這樣持續了一個月，早上五點起床變成一件自然的事。為了有效利用這段悠閒的晨間時光，他開始閱讀。過了一、兩個月，每天都約在晚上十點睡著。

如今一年過去，這個人因自己遵守了給自己的承諾而感到欣慰。不過，他突然意識到，他的生活除了多了滿足感，沒有任何變化。

這是因為他沒有目標，只是埋頭於執行任務中。我也有過這樣的時期。當初早起，是因為想要趕快開啟新的一天，但我不知不覺忘記了這件事，只在乎一定要早起。結果產生變化的只有醒來時間，根本就沒朝目標靠近半步，也沒把人生導向正確方向。

就算實踐，也無法改變人生

從停車場開車出來時，我們往往會覺得時速六十公里很快，但在高速公路上以時速一百公里速度行駛，卻不覺得快速，不但感覺不到任何變化，也不知道自己正在前往何處。問題究竟出在哪裡？科學之父伽利略（Galileo Galilei）說速度維持不變時，物體會遵循慣性移動：

- A物體靜止不動。
- B物體以每小時一百公里的速度移動，根據慣性以每小時一百公里的速度移動。

兩個物體看起來非常不一樣，A靜止不動，B則快速移動。但就慣性的觀點來看，即便速度不同，兩個物體都維持相同的狀態。

同樣的道理，像這樣忘記目標而只專注於某個行動的話，很容易陷入慣性中。我們可能只感覺自己重複一樣的動作，而非一一解決瑣碎的事情，並接近目標。

蘇聯時期被流放到西伯利亞的政治犯被迫整天在收容所挖地，太陽開始下山時，警衛又會命令他們把挖出來的土重新填回去。每天重複這種無意義的行為，最終這些政治犯們陷入憂鬱與空虛的狀態，身體跟心理都生病了。

如果你認為自己已經很努力生活，人生卻沒有好轉時，請停下來思考：「我努力生活的理由是什麼？我的目標設定正確嗎？我有忘記目標嗎？這真的是我想要的生活嗎？」

雖說習慣也代表熟練。但如果你在不知不覺間忘記了初衷，被慣性拖著走的話，那麼現在就該好好檢視目標了。

9 看不到前景時

大多數人被問到目標時，會選擇談職業，我也曾是如此。

舉例來說，如果我的願景是要當上警察，那麼我的視野就變狹隘，沒考上警察就會嚴重挫折。因此應先思考為什麼想成為警察。如果是因為想在生活中幫助他人，那麼就算不當警察也不算失敗，因為你能透過其他方式實現。提出其他問題，能幫助我們迅速找到新的道路。**雖然不能輕言放棄，但知道何時該放棄也很重要。**

那我們什麼時候該放棄呢？

那就是當我們看不到前景的時候。

我現在該做什麼？

找不到工作的徬徨時期，我不知道該做什麼，也不知道自己擅長什麼，這都得怪我缺乏與自己對話。朋友建議我去考警察公務員時，我回：「好啊！」就這樣開始準備考試了。

不過，我小時候闖過很多禍，怕留有不良紀錄就放棄了，於是選擇插班考行政警察學系。也許是因為我申請的大學比較偏鄉，所以報考人數不多，我被只要繳交報名表就能錄取的話迷惑。讀了一學期後，我突然冒出這樣的想法：「我現在到底在做什麼？」（按：畢業於警察行政學系後，將獲得參加警察公務員特招資格，相比其他專業，具有較高的錄取分數。與普通大學畢業後相同，可以選擇與自己科系無關的職業，但考取行政警察學系有較高錄取分數，所以可以畢業後再選擇要不要考警察公務員）。

成為警察並不是我的夢想，這輩子不曾想過當警察。只是因為沒什麼會做的，才盲目跟著朋友讀行政警察學系。

關於從這所學校畢業後，當上警察想做什麼、會成為怎麼樣的人，我完全沒有想法。只覺得自己沒有任何能力、背景與人脈，才緊抓著這個目標不放。為了準備考試已經花了三到四年，我不想繼續浪費時間在自己沒興趣的事上，於是果斷選擇退學。

該放棄的時候

我經營的讀書會裡，有一位成員曾擔任過兩屆市議員。他在第三次競選時落選，為了轉換心情，他北上首爾，參加了我的讀書會。也許是因為看好我，所以提議合作，他看到我有經營部落格和論壇，於是建議我用部落格做行銷。

在當時，只要推薦餐廳等商家的部落格文章，出現在網頁搜尋結果前面時，就能為這些店家帶來效益、增加客戶。因為我長期經營的關係，部落格評分很高，所以，雖然平常我主要是寫有關閱讀的文章，偶爾分享一篇推薦餐廳的文章，也會出現在搜尋結果最前面。這種宣傳可以收三十萬到四十萬韓元（相當於新臺幣七千到一萬元）。

我找了一間小辦公室，每天走訪商家，發名片和小冊子。約三週後，我開始接到諮詢電話，而且每次出門洽談大都能簽下合約。

後來我才知道，原來其他部落客都只有打電話：「我能幫您宣傳。」沒人像我這樣親自登門拜訪遞名片，於是我的收益提高到一個月一千萬到兩千萬韓元（相當於新臺幣二十四萬到四十八萬元）。

儘管確保客戶來源，也有了一定的收益，我仍想著：「我能在這條路上持續成長嗎？」答案是否定的。因為這份工作的入門門檻太低，不論是誰都能做。就算我再努力宣傳，若其他公司提供更便宜的價格，我馬上就會被淘汰。無法提供有別於他人的價值，於是我在五個月後放棄了這份工作。

我還賣過現榨果汁，在明洞和弘大這類的鬧區，現榨果汁攤位生意非常好，於是我和一位熟識的大哥開始做這門生意。生意還算不錯，問題是之後這裡有許多類似的店家如雨後春筍般出現。只要有臺榨汁機，任何人都能開店，而現榨果汁沒有任何特別的配方，因此競爭對手越來越多，收益逐漸減少，於是我們不得不放棄。

我做過很多挑戰，也放棄了很多次。無論做什麼我都全力以赴。**在取得最佳成果時，要想是否還有更高的目標，若看不見未來，就果斷放棄。**

當你猶豫該放棄還是該持續挑戰時，請試著描繪這份工作的藍圖，具體想像持續走這條路的自己。如果那不是你想要的未來就要果斷放棄，投身新的挑戰，仔細審視內心和周遭環境，就會有頭緒了。

10 六年內實現財富自由

我已經實現財富自由。截至二〇二三年，個人資產包括價值五十億韓元（相當於新臺幣一億兩千萬元）的土地、二十五億韓元（相當於新臺幣六千萬元）的住宅，以及三十五億韓元（相當於新臺幣八千四百萬元）的股票。房地產市場與股市波動的關係，這些資產加起來約一百億韓元左右。

我的收入呈階梯式增長。月領兩百萬韓元（相當於新臺幣四萬八千元）的我，為了存到本金，每個月只花三十萬韓元。而後在兩年內月收超過一千萬韓元，某天達到五千萬韓元（相當於新臺幣一百二十萬元），接著突破一億韓元（相當於新臺幣兩百四十萬元）。現在我每個月的收入超過三億韓元（相當於新臺幣七百二十萬元），積累的經驗產生協同效應，讓我在五、六年內達到這樣的成果。

階梯式成功的祕密

因為寫書，我有持續的版稅收入，也因出書而開始講課，創造額外收入。我用存到的本金投資房地產，把投資的過程都記錄到部落格上，還因此開始講授與法拍相關課程。儘管期間坎坷，如付我薪資的公司倒閉等情況，幸虧早已建立多條其他收入的管道，所以生活上沒受到太大影響。

我拚命的把各種管道的收入積攢起來，再拿來投資到法拍上，進而增加收益。以長遠的角度來看，其實是透過房地產和股票來擴大資產規模。

一旦形成這樣的循環，資產便會像滾雪球般增長。

我之前投資的房地產中，有些租給房客的全租屋（按：全租房是韓國特有的租屋方式，租屋者給房東一大筆押金，居住期間除水電等費用外，無須再支付任何租金，租約到期房東必須將押金全數退回給租屋者）因租約到期，我便在續約時提高租金；有些房子因持有超過兩年，轉賣時產生的稅金變低（按：韓國政府宣布的《住宅市場穩定完善對策》，為了防止炒作，購買房產時間未滿一年，稅率所得將從四〇%增加至七〇%，若未滿兩年，則增收六〇%轉讓所得稅），這些因素都讓我的收益變高了。婚後不到兩年，收入便爆發式的增長。

快速成功的原因

看到我從窮光蛋變成百億韓元的資產家，身邊的人都非常驚訝。二〇二二年，我在投資某建物時結識了一位房地產仲介，一年後我們再相見時他覺得很不可思議，我在短短的時間內發生了如此巨大的變化，他肯定無法想像未來一、兩年的我又會有怎樣的變化。

我對自己的未來充滿期待。每當自己達成一個目標，就會以成果為基礎，再設定更大的目標，我因此不斷成長，這也是別人稱我為超人的原因。

不懂的人也許會覺得短時間內大幅增加收入是不可能的事，但所有成功背後都有一段艱辛的過程。我也是每天上班、閱讀、寫部落格，並舉辦讀書會、講課。即使身無分文，我還是會實地看房，每天花幾小時找法拍物件。開源的同時，我也非常努力節流，忍住不買想要的物品和食物，我老婆也是如此，興趣與休閒活動對我們來說都是奢侈。

我們艱辛的度過每一天，一有機會就毫不猶豫的把握。湊足了錢就馬上投資，等著回收收益。不知不覺間開啟了金錢的大門，時間過越久，錢就進來越多。

所有的成長都是階梯式，積累財富的過程也是如此。雖然踏出第一步很困難，但當你一階又一階的往上，你就能爬得越高、越快。當然，我的成功也存在幸運的成分，但**機運會避開什麼都不做的人**，我如撒網捕魚般，盡可能投資，等待運氣被網子撈到。成果終究不只是靠運氣就能實現，也不是突然就達成的。

第二章

創業，就是勇敢找人、勇敢談錢

網路世界對我來說是新領域，透過網路認識現實生活外的各種人。經營部落格和線上論壇時，我很享受與各種人交流的機會，喜歡和興趣相投的人一起學習。因此，不只讀書會，我還參加腳踏車同好會、志工團、文化遺產探訪團等許多聚會。

舉辦讀書會時，為了付場地費和飲料錢，我向參加者酌收五千元到一萬韓元（相當於新臺幣一百二十到兩百四十元）的費用，然而卻有人對此表示不滿。本來是因為喜歡讀書會才用心舉辦的，但大家的要求卻越來越多。辛苦是一回事，但耗盡自己的時間和精力，總覺得做錯了什麼。

藉由做自己喜歡的事來建立社群和累積人脈，是非常有益的，經營得好的線上社群及會員，能成為無形的資產。

很多人都說：「只要努力做自己喜歡的事，錢自然就會跟著來。」但並非總是如此，**努力做自己喜歡的事無法保證會帶來收益**。直到後來我才明白，如何把人和錢連結起來，就叫做事業。

1 致跟我一樣無處依靠的人

因父母離異，我在三歲時被交由祖父母撫養。

上小學前，父親帶著繼母來接我。父親是個不顧家、當天賺多少就花多少的人，把我帶回去後，又把我丟給繼母照顧，自己繼續在外遊蕩。繼母把父親帶給她的壓力轉嫁到我身上，我不斷遭受無端的打罵，一頓像樣的飯菜也都沒吃過。在她的虐待下，我的身心都受到了極大的創傷。

幸好三年後生母把我帶走。母親只有國小學歷，和父親離婚後開始學美容，並開了一家美容院。她在美容院的角落拉上簾子，住在裡面苦撐下來。將我帶回來後，她為了要養育我，於是我們搬到一間位於方背洞的半地下室房（按：指房間地面低於室外地面的半穴居空間，由於採光差、潮溼、吵雜、缺乏隱私等因素，所以租金便宜），而方背洞就在明星學區江南八學區裡（按：因都市開發的影響，幾間知名的韓國高中移往江南八學區裡，韓國人民普遍認為這幾個學區的學生升學率較好，因此影響房市發展），希望我能專注在學業上。

然而，與母親的期望相反，我因和相對富裕的同學相比，產生強烈的剝奪感，變得更加叛逆，童年時的創傷也沒有癒合的跡象。在本應被愛的年紀，我卻先學會了虐待與暴力，內心充滿迷茫和困惑。到了小學六年級，我開始離家出走，高中時每天騎著摩托車去找人打架，頻繁進出警局。

家裡電話一響，母親便全身顫抖，因為十之八九是我闖禍被警察抓走的消息。她的焦慮已經嚴重到不靠鎮靜劑，就無法維持正常生活的地步。

深知自己是不孝子，但我無法控制自己。內心的憤怒如洪水般洶湧，使我一再爆發。厭惡傷害我的父母，也憎恨這不公平的世界。

如果沒有人引導我

看看身邊，是否有讓你覺得「我想像他那樣生活」、「像他那樣的話，我也能過得很好」的人？是否存在會引導你、讓你更努力的人？

我身邊完全沒有這樣的人。不曉得自己該如何是好，不論是父母、親戚還是周遭的長輩，沒人可以提供建議或拉我一把，我總覺得自己被這個世界拋棄。也曾想過，雖然這都是每個人第一次的人生，但要是有前輩能給我建議，我的日子應該會輕鬆許多。

如果你也有類似的想法，首先必須認清現實。我的意思不是要你埋怨或責怪父母，而是指除了和優秀的人相處以外，我們還有很多方法能讓自己變得更好，所以不需要感到絕望。

2 與積極向上的人為伍

仔細觀察身邊的朋友，當你為某件事努力或試圖改變的時候，是否有人會潑你冷水？

你：「想多存點錢。」

朋友：「積少也不會成多，不管你再怎麼努力，也比不上有富爸爸的人。」

你：「最近很不健康，該減肥了。」

朋友：「幹麼減？我知道有家店很好吃，一起去吧！」

你：「今天要讀書，下次再約吧！」

朋友：「突然讀書有用嗎？才玩一天而已，不會怎樣。」

你：「好想嘗試新工作。」

朋友：「你覺得有可能嗎？那些工作都是很優秀的人在做的，我們這種人能維持現狀就不錯了。」

我曾經有過這樣的朋友，只要我想做點什麼，他們就用「你覺得有可能嗎？」或是「沒用啦！」等話語來打擊我的士氣。「做好現在的工作就好了」，這句話乍聽之下也許是對的，但這種態度同時也阻礙了所有挑戰。

「我這種人怎麼可能辦得到！」這種想法往往使人停滯不前。維持現狀固然輕鬆，與這樣的人相處也不會有壓力。

然而，所謂「物以類聚」，相似的人聚在一起，導致無法展開有建設性的對話。每天謾罵著那些透過努力而成功的人，責怪父母、時代或天賦，彼此分享著無謂的安慰和嘆息，最終止步不前。

俗話說：「近朱者赤，近墨者黑。」更貼切的說法應該是「參照群體的重要性」。參照群體影響我們的思考方式、態度與行為，選擇積極的環境，才能引導我們走向成長和成功。

母親選擇在江南八學區撫養我長大，正是因為她希望能改變我的參照群體。雖然我自身意志力薄弱，使母親的努力未能完全奏效，但「近墨者黑」的道理在許多情況下都得到了印證。如果我身邊的人都只關注當下的生活，我的視野也將侷限於今日；相反，如果周圍的人會為明天做準備，我也會變得會設想未來。

人的改變，從語氣開始

在軍中，我第一次接觸到所謂的名門大學生。雖然只是短暫交談，但我感覺到他很聰明。他的用字遣詞、思維方式和態度彷彿來自另一個世界，與我和我身邊的人截然不同。意識到這點後，我開始改變原本挑釁的個性、表情和語氣。

從那時起，每當我在公車上看到爆粗口的學生，都會想原來以前別人也是這樣看待我。我自然而然開始注意自己的言詞，改變語氣，漸漸的不說髒話了。

退伍後，我漸漸疏遠那些一起以前飆摩托車的朋友們。他們依然過著無所顧忌的生活，行為舉止彷彿停留在國、高中時期，講話粗魯、行事莽撞，過得就像沒有明天一樣。當他們見我努力改變時只會說：「幹麼做那種事？」或是嘲笑：「你什麼時候開始看書了？」甚至在背後說我的壞話。對那些朋友，我也不再留戀。

朋友是自己選擇的。我住的鄰里和學校裡只有這種人嗎？如果真的如此，那不如不交朋友，不要被「十年知己」和「靈魂伴侶」這種幼稚的想法束縛，當你成功後，自然就會有值得的人來主動與你結交。

讓自己被更優秀的人包圍

我們知道需要遠離帶給自己負面能量的人，但到底該怎麼做？我們又該如何親近那些能帶給我們正面影響的人？

如果和朋友或熟人的對話總是流於空談，沒有帶來任何啟發、刺激或幫助，那麼你應該重新審視你的參照群體，並努力將其替換為更有價值的人群。去認識那些生活品質比你好的人，但如果真的找不到的話，透過讀書也是一種方法，即使無法面對面相處，也要多看看這些人的思想，和有望成功的人交流。

現在想改變或找到參照群體比過去容易許多。以前的人如果只在同一個社區裡長大的話，就很難換掉身邊的人，但現在是網路串聯全球的時代，即便在房間內也能與其他人互動。別再抱怨身邊沒有優秀的人了，積極去找更好的參照群體吧。

去找找讀書會、投資聚會、英語學習小組等聚會，那些地方聚集了跟自己興趣相投的人，肯定有值得學習的地方。參加這些聚會的人滿腔熱血，為了自己感興趣的事物與自我成長，他們願意投入時間甚至是金錢，加上強烈的意志，想過更好的生活。

這些人的能量本身就不同，和他們在一起自己也會受到刺激，產生新的動力。能藉此建立起良好的緣分那就更好了。

認識和自己不同領域的人能拓展視野，還能互相幫助。即使一開始是利用線上交流，之後最好也能參與線下的聚會，因為面對面交流會更有收穫。

我透過部落格自己組織聚會，也經營讀書會和考察團等活動，並利用網路論壇舉辦定期聚會，結識了各式各樣的人。由於他們大都比我優秀，所以我得到了很多幫助，也受到良好的刺激。

請把比自己優秀的人留在身邊，去優秀人才聚集的地方。努力成為比昨天更好的人，不要被否定的言語左右，成為自己的主人。

3 我的自學經歷

在軍中，我有機會與名門大學生一起學習，讓我學會了如何思考、讀書和實踐。當時我才剛開始閱讀，渴望成為更好的人，極力想擺脫令人窒息的金錢壓力，想更喜歡自己，也期望被他人認可。

某天，我走進長官的辦公室，牆上一張「教育部指定一千八百漢字」海報吸引了我的目光。我決定試著背誦這些漢字，但軍中無法隨身攜帶筆記本，於是我偷偷在手掌寫下兩個漢字，在站崗的那一個半小時裡背，還會用佩戴的刺槍在泥地上練習寫看看。

從此以後，原本枯燥的站崗變成了不受干擾的自學時間。逐漸熟悉漢字後，我又開始對成語產生興趣。於是，原本的漢字加上一句成語，我每天在手掌上寫六個漢字，並在站崗時背誦。

我以前因報紙上有太多漢字，所以從來沒看過報紙。不過開始學習漢字後，我試著掃視一下放在幹部桌上的報紙，沒想到能讀懂了！讀懂文字後，慢慢能理解句子的意思，進而獲得新知識。我領悟到這就是學習的樂趣，那是我人生中第一次沉浸於學習。

就這樣，我開始閱讀書籍、背漢字、學英文。雖然還不曉得要用這些能力做什麼，但總覺得必須得開始行動。小時候渾渾噩噩的過日子，為了填補那些空白，無論什麼我都要努力做看看。

在地鐵上討教讀書方法

「你是怎麼讀書的？」我向軍中同期請教讀書方法，一邊閱讀，一邊努力學習。原本在專科成績很差的我，努力後提升到平均 A+。然而，即使成績有所改變，我仍舊不曉得該做什麼工作維生，前途茫茫。畢業於鄉下的專科，又沒有出色的履歷，在這廣闊的世界裡，沒有一個需要我的去處，毫無立足之地。

「我究竟歸屬何處？」我感覺就像不被看見也不會落下的塵埃，在世間漂泊著。所以當朋友說：「不知道要做什麼的話，跟我一起準備警察特考吧。」我立刻被吸引。

像我這種人，最容易得到救贖的方法，也許就是考試了。但我這輩子從來就沒念過書，根本不知道該從何下手。考試科目有五科，但要怎麼同時讀進去？讀其中一科時，不會忘記別科的內容嗎？對於沒讀書頭腦的我來說完全沒轍，身邊也沒有人能讓我徵詢建議。

這些煩惱讓我一個頭兩個大。某天搭地鐵時，穿著知名大學系服的人吸引我的目光，迫切的心情激發我的勇氣。

「那個……不好意思，我從來沒念過書，但我想參加五科考試，請問該怎麼準備呢？」

雖然當時那位大學生被我的詢問弄得非常慌張，但也許是我的眼神懇切，他還是給了我幾句建言。從那之後，只要在地鐵上看到有人穿著知名大學的系服，我就會上前請教讀書方法。大部分的人都很親切，且耐心的回答了我的問題，我真的非常感激。

他們的建議有個共同點，那就是要坐得住，持續專注於書本，並將學習的主要內容，濃縮成一份簡明的筆記即可。

「原來如此！這樣就算讀好幾科也不會忘！」

若是在網路上問「怎麼讀書」，這種問題容易被大家忽視。在地鐵上直接向其中一個人提問，對方就不會無視我，多少會給出一些答案。

這種方法雖然奏效，也是很極端的狀況，但這不是我很推薦的做法。現在回想，其實有更有效的方法，像是加入相應的備考線上社團藉此取得資訊，或參加線下的學習小組都是很好的途徑。

後來，我決心學好英語，覺得彷彿人生的不順遂都與英語有關，只要英語說得好，生活中的各種問題都能迎刃而解。於是我加入了討論英語的網站，論壇上有舉辦活動，當時儘管一貧如洗，還是存錢聽了課。

別只跟熟人相處

有些人會說：「我很內向，沒辦法主動先和人搭話。」我並不是要大家排斥自己與生俱來的性格與傾向，但後天的努力能漸漸改變個性。小時候的我也非常怕生，但礙於迫切，甚至在地鐵上主動和陌生人搭話。

萬事起頭難，但只要敢踏出第一步，之後就會越來越得心應手。只有主動才能有所收穫，光坐著等待，貴人是絕對不會自動現身。

如果是第一次參加聚會，可以先從自己想了解的領域開始，就不會產生這麼大的心理負擔，因為那裡有和你一樣的新手，也有能夠幫助你的前輩。所以，請放下面對人的恐懼。

天天和熟人相處是不會進步的，互相理解的深厚關係固然重要，但我建議大家稍微打開心房，認識各式各樣的人，擴展自己的世界。

4 自卑點燃了我的成長火種

剛開始閱讀時，我相信每本書裡的內容都是事實、真理，堅信書本絕不會欺騙我。軍中那位同梯如同我的第一位導師，從他建議我閱讀的那一刻起，我就認為書永遠是對的，並無條件遵循書中的內容。因此，當時的我也在前著《一讀一行》提到，要把書內化成自己的東西，就必須實踐書裡其中一個觀點。

然而，我選了一個核心來實踐，但效果卻不如預期。經歷這些後，我才明白，書本有時也會誤導讀者。

我現在無法接受這句話：「只要真心渴望，願望就能實現。」在我沉迷於自我成長書籍的那段日子，把這句話視為真理。然而，我不曾只因渴望，就實現願望。我因此漸漸改變想法，在我的世界裡，沒有行動的信念是毫無意義的。

做事不能僅靠信念，就連宗教都會傳達實踐信念的方法，反之也有邪教會利用信念來滿足自身的私利和欲望。同樣的道理，如果有傳授正確資訊和實踐方法的書，也必然存在精美包裝卻內容不實的書。

我付出了時間的代價閱讀無數書本，才逐漸學會區分這兩者的差別。畢竟，無論做什麼事，經驗與時間都是不可或缺的。

沒有人是完美的，所以更要互相學習

剛開始看書時，我覺得每一位作者都很厲害，也期待他們能引導我、告訴我更快成功的方法。因此，我會寫電子郵件給作者、參加講座，積極依靠那些比我優秀的人才。

我也曾為一名知名的作家工作，這段經歷讓我明白，即便是暢銷書作家或受眾人景仰的成功人士，也並不完美。**成功不代表擁有優秀的品格，就算在自身專業裡**

是頂尖人士，也不一定精通所有領域。有些自我成長書籍會把作者包裝得非常厲害、誇大其辭，讓讀者描繪出作者的完美形象。但事實是，世上沒有完美的人，大家只是互相學習和不斷成長而已。

只沉浸於優點

我的閱讀動機並不是為了成為偉大作家，也沒想過讀書對工作會帶來什麼影響，對此也沒有制定任何策略。讀書，只是我厭惡過去，想擺脫自卑感，渴望過上不同的生活，因此期望能在書中找到改變自我與人生的寶貴智慧。

對所有人而言，此生都是第一次。大家都害怕失敗，想減少錯誤，希望能進步得更快、更順利，或許這就是為什麼人們會尋找值得尊敬的人。為自己找一個榜樣並不是壞事，大家都想過得更好、成為更優秀的人。但，無論那個人是誰，我們都不應該盲目崇拜。

我也曾想尋找人生的榜樣或導師。想像著如果我從小就有人帶領，也許就能少走很多彎路。不過，另一方面我也會懷疑，即使有這樣的導師，我是否會聽從他的建議。我似乎明白了「凡事都有其適當的時機」，有些事非得親身經歷才能明白。

楷模或導師不侷限在一個人，我們只要學習他擅長的領域或優點就可以了。人一旦開始信奉並依賴他人，會馬上被對方左右。若自己沒有聽從對方的話，就會覺得自己無法成功，甚至遭受欺凌，這種案例不勝枚舉。

成功人士不一定十全十美，他們在某個領域嶄露頭角，所以我們只要努力學習他們的長處即可。

諾貝爾文學獎得主的共同點

有人曾好奇：「諾貝爾文學獎得主究竟有怎樣的才能和非凡之處？」為了解開這個疑問，他訪問了許多作家，卻沒得到滿意的答案。他思考後便改變方法，決定詢問專門處理作家文字的編輯，因為編輯長期跟作家合作，也許他們會知道答案。

訪談多位編輯後，他終於發現了偉大作家的兩個共同點。首先，這些作家都曾身陷強烈的自卑感中，而他們憑著強大的意志克服自卑感。

這些作家為了戰勝內心的自卑，不斷燃燒自身意志，奮發向上。即便取得一定的成就，也不會滿足於現狀，為達到更高的境界，他們會持續自我鍛鍊。值得注意的是，他們並不是為諾貝爾文學獎這種宏大目標而努力，而是身為作家所追求的價值與成就。

不足就代表能夠彌補，有缺陷就代表還能變強。**自卑不是把自己燃燒殆盡的火焰，而是不斷激勵自己努力的火種**，讓我們承認自己的不足，並向前邁進。

對我來說，自卑成了指引我生活態度的指南。若運用妥當，自卑能幻化為成長的動力。不要否定或放棄目前不完美的自己，請把那股力量當作幫助你前進的墊腳石，那將會是極佳的燃料。

5 白手起家，靠自己辦不到

白手起家，就是指靠自身力量成家立業或取得非凡成就。不過別誤會，這世界上沒有任何人能靠一己之力取得成功。無論是直接或間接，成功都是在他人的影響與幫助下才得以實現。

自己創業的人反而必須靠他人的力量做事，尤其像我這種沒有與生俱來的能力與背景的人更是如此。當然，和他人的關係就要靠自己去建立，努力讓身邊圍繞著優秀的人。

人際關係是成功的重要因素，它能拓展我的領域，做出超乎自己想像的事。沒有人是十全十美，不論多優秀的人，都無法把所有事情做到完美無缺。美國卡內基國際和平基金會（按：Carnegie Endowment for International Peace，非營利性組織的外交政策智庫）對一萬名成功人士進行關於成功祕訣的調查，其中只有一五％的人回答成功的祕訣是能力、技術或努力，其餘八五％的人則表示是人際關係的功勞。與他人建立良好關係，才能讓自己的內心、工作與生活更加豐富多彩。

讓別人主動找我

我回顧過往，深刻感受到自己總是藉由他人取得新的挑戰機會，但其實我並非一開始就這麼順利。相反的，從小就常被別人拒絕，大人看到我就搖頭嘆氣，出社會後周遭的目光更是不友善。

尤其是在電信公司裡工作時，為了防止客戶解約，我經常要諮詢客戶，聽他們抒發不滿。做部落格行銷工作時，更是我這輩子最常被人拒絕的時期，很多人拿到名片，轉頭就馬上丟掉或撕掉。每次遇到這種情況我都會下定決心：「我要讓別人主動來找我，為此，必須先提升自己的能力和價值，讓人相信我能幫助他們。」

如今，我不需要主動找別人，律師和醫生都會來聽我的講座，現在是他們主動打開心房來接近我。

如果只想從對方身上得到自己想要的，或許短時間內沒什麼問題，但長久下來，你會無法贏得對方的信任。

人會下意識避開那些一看就只想單方面獲取利益的人。天下沒有白吃的午餐，不要天真的以為喝杯酒稱兄道弟，就能打造深刻的關係或獲得幫助。必須先對他人有貢獻，這樣才能建立良好的緣分，與他人共同成長，創造雙贏。

發展自己能貢獻的部分

「目前我沒有能貢獻的東西，所以我就沒機會了嗎？」

人都需要花時間磨練，可能是一年、兩年，甚至更久，才能創造價值，或為他人提供某些幫助，所以請不要急躁。

若不投資自己，只想從他人身上輕鬆取得利益的話，就會被看作可疑分子，身邊的人也會一個個離開。

無論遇到怎樣的人，對方一定有比自己擅長的領域與優點。這就是為什麼我總說要互相幫助，以實現雙贏，絕對別想單方面利用他人。

在我擴展事業的過程中，人起到了很大的作用，我總是在思考如何能與彌補我缺點的人維持關係，和他們產生協同效應。

透過見到的人與各領域的專家，我得以延伸不同領域。不過，光結識很多人並沒有用，必須和工作有連結，才能讓關係保留下來。所以結識怎樣的人很重要，若接觸到有發展性且強烈意志的人，這種能量就會不斷聚集並擴大。

看人得看經驗而非他的話語，要小心那些誇大其辭、愛炫耀，卻沒有實際成績的人。與其聽百句空話，不如看看他過去的經歷，這樣就能了解其能力和做人處事的方式了。

6 人脈的強、弱連結

之前我們談到了人脈的重要性。身為投資人的理查・柯克（Richard Koch）和葛雷格・洛克伍德（Greg Lockwood）在著作《人脈變現》（*Superconnect*）中指出，成功的重要因素之一是網路的力量。他們說的網路是指，一群相互連結的人，透過溝通、分享資訊，並合力達成個人無法實現的目標。

一般認為，成功人士比他人更努力，而失敗的人則不夠努力。然而看看周遭的情況就可以知道，有能力又努力的人也未必會成功。關鍵就在於人脈，書中把人脈分為強連結與弱連結：

1. 強連結：與家人、朋友、同事建立起的親密關係。

2. 弱連結：點頭之交。

多數人執著強連結，但過度依賴，反而會在資訊的洪流中被孤立，很有可能錯過改變人生的機會。因為親近的人和自己共處相同領域，通常他們擁有的資訊，自己可能也已經掌握，無法提供更多幫助，**在弱連結中，反而更有可能獲得實際有用的資訊**。新的機會通常都藉由弱連結開創。若想要成功，擁有廣泛而淺薄的關係會更有利。

出現合夥人

我喜歡與人建立關係，面對陌生人不會感到害怕或警惕。不管見到誰，總是努力和對方說話，如此一來，不僅能了解對方在哪些領域比我優秀，也可以思考能否透過結合雙方的優點，發揮協同效應。

有位參加我法拍課程的學員希望我能抽出時間跟他聊聊。單獨見面時，他翻開一本筆記本，上面用曼陀羅思考法（按：源自藏傳佛教的曼陀羅圖譜，以視覺化的方式協助思考，之後延伸到職場和商業使用）寫了密密麻麻的筆記，而內容的主角竟然是我。

「瑢老師，這樣做的話，您會發展得更好。」

他幫我做了分析，告訴我想進步的話該做什麼。我嚇了一跳，因為他筆記中的內容，正是我認為未來一定要做的事，其中有些部分我還摸不著頭緒，因為僅憑我一人的經驗和能力，無法做好這些事。

他還告訴我他的故事，在建設公司工作十五年後辭職，因為對法拍感興趣才來上我的課。我們就這樣建立起關係，並一同規畫了新的事業。各自發揮所長，我用我的法拍能力標下建物，而他利用自身的能力施工改造。

能者為師

雖然在自己的領域盡可能實踐並積累經驗很重要，然而若不是自己的領域，最好尋求專家的協助。因為在感興趣卻不了解的領域，我們不可能獨自完成所有事，結合自己與他人的經驗和能力，就能發揮巨大的協同效應。

我的 Instagram 粉絲數曾長期停滯不前，當時很煩惱該怎麼辦，卻苦無答案。剛好在某次的濟州島線下聚會中，我注意到兩位二十幾歲的參與者。一問之下得知他們是抖音上擁有一百五十萬名粉絲的網紅，在 YouTube 有超過五十萬、Instagram 也有超過十一萬名粉絲。

我告訴他們社群媒體成長停滯的困境，他們表示已經看過我的社群媒體，並給了我一些解決方案。按照他們的建議改變後，粉絲數量開始逐漸增加。

他們建議我一定要使用抖音。我原本因為抖音的使用者年齡太小，所以沒有列入考慮。不過他們說，就算目前主要是十幾歲的人在使用，但這些人成年後也會對理財感興趣，因此應該把經營抖音視為對未來的投資。

我認為這番話很有道理，於是開設抖音帳號並開始上傳內容。以他們建議的概念拍攝，一週內影片瀏覽次數衝到二十七萬，訂閱數也超過一千七百人。

當然，並不是只有我一個人得到幫助。這些人參加我舉辦的聚會是為了獲得法拍的資訊，而我當然是誠心誠意的授予他們。年齡並不重要，互相分享彼此的才能與經驗，只要對方比自己優秀，就是我的老師，我們就應該向對方虛心學習。

讓我成長的事物

弱連結有助於成功，強連結則能在我們失敗時，給予重新振作的力量。

家庭是我的另一個延伸，從原本一無所有，直到和老婆結婚後才擁有了自己從小嚮往的家庭。當初老婆決定嫁給身無分文的我，她的家人也都沒有反對，我對此感到神奇，同時也很感激。家人、岳父和岳母大力的支持，使我深刻領悟到，只要我越成功，身邊人的精神與物質層面就會越自在快樂，而我也會更有力量。

自己一個人打工也能活下去，然而一旦有了家庭，就會開始考慮未來。孩子出生後，人生又出現另一個轉折，感到開心的同時，負擔也變得無比沉重。孩子的誕生讓我思考到下一世代，甚至開始思考死後的事。有了所愛之人與必須保護的人，使我踩穩地面，跳得更高。

現在我還有員工，因此要守護的事物又更多了，因為員工與其家庭的安定，也許都掌握在我手中。如果將公司經營得好，至少他們面臨經濟困難的機率會降低。雖然責任很重，但這並非壓迫我的重擔，而是推動我持續前進的穩重力量。

有人問我，為什麼要替員工培養企業家的心態？為什麼這麼輕易告訴他們賺錢的祕訣？這樣員工很快就會獨立，然後我就得應徵新人從頭教起。

而我的想法不一樣。即便員工因有所學習而離開，也很難在短時間內建立我至今累積的經驗、訣竅等。而且給員工相應的報酬也是為了自己，這麼做才能吸引更多人才，現有員工必須收入增加且有所成長，才會願意繼續留在公司。我們公司經營舉辦講座的平臺，協助員工自己開課或出書，並支持他們建立自己的品牌，都是其中一環。

讓**員工一輩子都待在自己底下工作不是件好事**。我創立多家公司，希望將來員工能有所成長，各自帶領一家子公司，這就是我培訓他們成為執行長的原因。

如果自己當上執行長並自行招募員工，他們就會以不同的角度看待公司。若理解發薪水給員工所代表的意義，他們或許會覺得錢給出去很心疼，也會感受到必須擔起員工家庭負責的那份壓力，進而成為工作的動力。員工進步，我和公司也會隨之進步。

天底下沒有任何事是能靠一己之力完成，而我也不可能凡是親力親為。現在我站在領導大家的位置上，因此努力盡到帶領員工的職責，為員工創造一個好環境，讓他們能產生協同效應並且把工作做好。當我以身作則，率先展現出努力工作的模樣，員工們自然而然也會跟隨我的腳步。

我一無所有時，滿腔怒火，感覺世人皆與我為敵。當需要守護的人事物增加，我得加倍努力的求進步，不再只專注於自身，而是希望能一起過上好日子，這種心態會帶來更多機會與好運。

7 只做自己喜歡的事，賺不了錢

想賺錢，就不能只做自己喜歡的事。那該怎麼辦？

以前我總是問：「怎麼做才能成功？該怎麼做才能賺很多錢？」後來才意識到這樣的問題本身就有錯。

假設你暗戀一個人，為了創造巧遇的機會，你一定會想辦法經常出現在他的視線裡，這樣才能抓住機會。

賺錢也一樣。面對金錢，我們都在單戀，所以要站在錢會經過的路口，這樣至少可以經常看見它。

所以，我換了一個問法：「錢會從哪裡出現？」

讓錢跟我走

我開始涉足房地產市場，某次因為資金不足，我召集了幾個熟人共同投資。因為我對法拍流程最為熟悉，所以自然是由我來負責執行。

此時我發現，有些事別人覺得既困難又麻煩，但我有經驗，所以代替他們做這些（對我而言）相對輕鬆的事，就是能賺錢的方式。

為了找到賺錢的工作，我再次改變提問的方式，這次的問題我以別人為中心：「有哪些事是別人做起來，會覺得很難、很累、很麻煩、很複雜？我就代替別人做這些事並收取報酬。」

改變提問方式後，我開始發現自己要做什麼事才能賺錢。

● **以前的提問：**

有沒有人或組織可以幫助我？

那個人能為我做什麼？

怎樣才能從別人那裡得到更多幫助？

● **現在的提問：**

我能幫別人什麼？
我能提供什麼價值或能力？
我能把別人覺得困難的事變簡單嗎？

有個叫「modusign」（按：類似臺灣的電子簽署合約App點點簽）的服務，能讓使用者透過電子郵件或通訊軟體簽署合約，這個工具很方便，所以當然有很多人使用。這也是改變提問方式才能想到的商業點子。

只有我能做的事

雖然我喜歡讀書會，但舉辦讀書會絕對賺不到錢，不過我並沒有徹底放棄，只是減少舉辦次數。不必放棄自己喜愛的事，只要在嘗試各種事情的同時，專注於大家覺得麻煩，而我卻能替大家做的事就好了。

談到法拍，大家都覺得很難得標，也認為權利分析很難懂，所以我想到自己能替大家把這些事變簡單。

於是我在部落格上分享法拍過程，並提供所有需要的文件檔案，還提供檢查清單服務，讓大家做最終確認，避免疏漏。讓他們去法院辦理手續時，只要確認檢查清單就好，即便是新手，也能一次完成所有事情。原本需要一小時才能做好的事，變成只要花五到十分鐘就可以順利解決。

這些分享當然都是免費的，雖然無法立即帶來收益，卻能提升自我價值。講課時，我也會提供所有需要的資料，學生的滿意度很高，口碑傳開後，就有更多人來聽我的課了。

改變思維後，我能做的事越來越多。例如：如果有人覺得訴訟這件事很難，我就幫他把訴訟過程變簡單；許多人在實地看房時，不曉得該看什麼，於是我製作一個課程，簡化實地看房的過程。

我就這樣一步步擴展成更大的事業，即使這些事業無法立即成效，但以長遠的角度來看，能夠期待更高的收益。

創意的連結與擴展

透過法拍賺取收益，能讓我感受到賺錢的樂趣，而我不想止步於此。一開始，我把法拍的過程寫在部落格上，再把內容製作成課程，之後又成立公司，把事業拓展到建築翻新與土地開發等方面，而我在得標建物後，會分租給商家，這也是事業的一環。

我還有另一個類似的例子。參與法拍的話，購買房地產的次數就會增加，而我也需要支付相應的仲介費，由於我沒有房地產經紀人證書，所以就投資了信任的仲介，成立一家不動產仲介公司。與其自己一個人獨自完成所有事情，不如和專家聯手擴展事業。

現在，我正在開發一個讓房地產投資簡化的線上系統。舉例來說，很多人想投資建物但很難下手，因為投資金額動輒幾十億韓元。那麼把人聚集起來成立公司不就好了嗎？由我來擔任執行長推動所有工作，並收取手續費。將來建物出售時，投資者就各自持有收益。

不僅如此，我的事業還擴展到學習平臺上，結合線上與線下讓人一起學習法拍相關課程。雖然經歷疫情後，許多事情轉為線上執行，但線下活動仍舊重要。而且建物和土地的價值也會隨時間上漲，這一切都會為平臺帶來價值。

隨著經驗累積，也能看到越來越多商業創意，不只能結合法拍，還可以結合房地產、電商等許多領域，藉此擴展業務。當然也許這類平臺已經存在，但第一個做的人必然會經歷試錯的過程，而後進者則會用基準化分析的方式，加入自己的獨特風格，讓事業更加穩固。

走到盡頭才能看到不一樣的路

我領悟到，連結自身經歷並結合新元素，就能產生更厲害的協同效應（見圖表

圖表 4　專注於某件事並取得成果時，結合新元素，就能產生更厲害的協同效應。

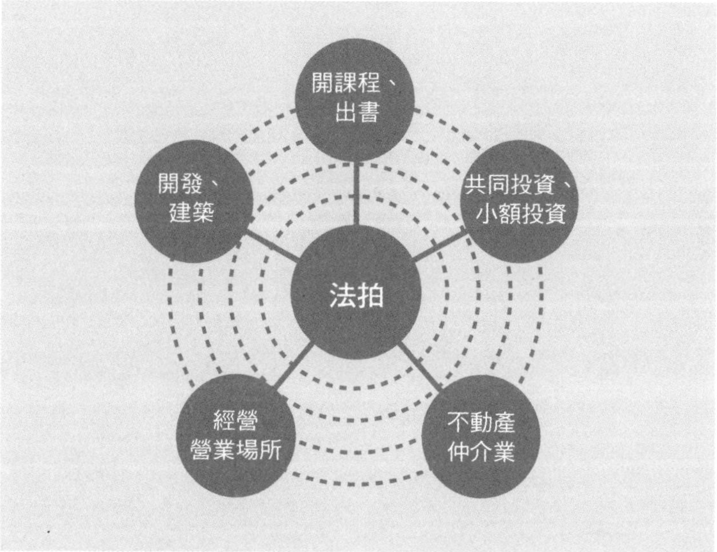

4）。人們不可能從無到有的憑空產出東西，創造是來自於連結。

任何事都能擴展，只是我們不容易察覺這點。當自己專注於某件事並取得成果時，事情自然就會不斷的延伸發展下去。在沒有經驗的情況下，無法期待事情馬上就有好結果，必須先做好一件事，專注並取得成果後，才能期待擴展的可能。

第三章

勇敢行動的人
先享受人生

三十四歲，我決定和人生中第一個支持我的人結婚。**我在自己舉辦的讀書會上認識老婆**，她即便知道我住在半地下室，還是願意和我結為夫妻。我求婚時，已經做好她可能拒絕我的心理準備，而她卻對我承諾了未來。當時，我是一位知名部落客，某家遊艇求婚公司邀請我幫他們宣傳，因此我才有辦法準備一個浪漫的求婚活動。

我在漢江的遊艇上把戒指遞給她：「妳願意嫁給我嗎？」

老婆當時開心的點頭答應。

我們就這樣開始了幸福的婚姻生活。如果這是一部電影的話，故事到此已經是完美的結局，然而日子還在繼續。隔天現實就來敲我那半地下室的房門。

「我們現在該搬去哪裡？」

這就是我開始關注房地產投資的原因，挑戰的動力就來自我的不足。

1 「我相信……」激起我的行動欲

二〇一五年十一月，我們終於結婚了。為了準備婚房，我們掏光所有積蓄，在少得可憐的家用品中，四處翻找還算值錢的東西，相機、鞋子、禮券等，雖然能換錢的東西都賣了，但還是遠遠不夠。

儘管經濟狀況不好，兩邊的父母還是補貼我們，最終湊到了五千七百萬韓元。由於我們決定不聘禮、不回禮，把錢拿來付房子和婚禮的費用。全租房的貸款貸了八〇%，終於用一億八千萬韓元（相當於新臺幣四百三十二萬元）租到十二坪大的房子。

這段過程中，我的內心充滿懊悔，覺得都這把年紀還這麼沒出息，更對老婆深感抱歉。

婚後，我多了一份責任感，而這樣的心境轉變為迫切。我痴痴的望著漢江邊上那些房子，心想：「有這麼多房子，為什麼卻沒有一個我能住的地方？」

一開始我只是在感嘆，但不知何時開始轉念：「住在那些房子裡的人，剛開始不一定很有錢。我相信自己也能成為有錢人，然後住到那裡。」

開始學習房地產

大約就在那時候，遊艇公司邀請我入職。我於二〇一六年開始上班，月薪約兩百萬韓元。當時老婆因為家離工作地點太遠而備感壓力，所以我勸她離職。但當她真的辭掉工作後，我才發現靠一個人的薪水生活並不容易。

我開始認為，在韓國如果不懂房地產，就絕對沒辦法變有錢。但等錢存夠才行動就來不及買到好物件，若想抓住機會就得提早準備，於是我拚命讀房地產的相關書籍。

每天下班之後，我會順路去一趟房地產仲介公司後再回家。但在資金不足的情況下，如果說自己是來買房的話，我會覺得很尷尬，所以實地看房時，我都說在找全租房，仲介便會親切的為我介紹，帶我看更多間房。

我同時走訪大樓和公寓，發現這些建物間的顯著差異。住宅大樓通常會整區一起建設，比較容易分析行情與價值，而公寓則是各具特色，每層每戶的結構不盡相同。藉由觀看各式各樣的房子，我學到了哪種房子的結構好，而哪種房子絕對不能買，對房地產的了解也越來越廣。

為了存到本金，我把所有的收入都積攢起來，但還是不多。老婆也知道我想投資房地產的決心，和我一起勒緊褲帶省吃儉用，每個月只花三十萬韓元。結婚收到的七百萬韓元（相當於新臺幣十七萬元）禮金加上出書的版稅、講課費，還有部落格幫朋友們宣傳的收益，我們總共存到了一千五百萬韓元（相當於新臺幣三十六萬元）。

或許有些人會覺得物價上漲，租金也跟著漲，這點錢能買什麼房地產。但當時房地產市場尚未復甦，很多物件的價格停滯，老實說，仔細找的話，還是有值得投資的房子。再加上我急著賺錢，便開始仔細尋找能投資的物件。

四千萬韓元買三間房

第一個物件位於高陽市幸信洞的大樓裡，價值兩億八百萬韓元（相當於新臺幣五百萬元）。因為我用全租房的方式以一億九千五百萬韓元（相當於新臺幣四百六十八萬元）的價格租出去，所以實際大概投入了一千三百萬韓元（相當於新臺幣三十一萬元）。加上不動產取得稅、修繕費後，總共花了一千五百萬韓元。這個物件在約兩、三年後以兩億八千萬韓元（相當於新臺幣六百七十二萬元）賣出，賺到了價差。

因為我積極看房，仲介有好物件也會先聯絡我。第一次投資的地方正對面有棟大樓裡的房子急售，看了才發現坪數更大，開價卻更低。於是我用兩億四千三百萬韓元（相當於新臺幣五百八十萬元）買下第二間房，並以兩億三千五百萬韓元（相當於新臺幣五百六十萬元）的全租價格租出去，所以實際投入的金額是八百萬韓元（相當於新臺幣二十萬元）。努力省錢，一存到錢就拿來投資，不想錯過任何投資機會，積極的採取行動。

剛開始投資的第一年我就買了三間房，總投資金額超過了四千萬韓元（相當於新臺幣九十六萬元）。我和老婆完全不外食，非常節省。連續簽下買房的合約後，為了準備中期款和尾款，根本沒心思在其他花費上。

找方法解決，而非就此放棄

然而，政府開始限制房地產投資。我仔細想想，這種投資實在太危險了。住宅用房屋只要飆漲一〇%到二〇%就會影響到國民的居住穩定性，因此一定要限制。

我這才意識到必須選擇收益率不受限的去投資，而且必須用全租房的保證金來減輕貸款或用租金來承擔貸款利息，所以我得簽租賃合約。但這樣一來，想買的時候不一定能買，想賣的時候也不一定能賣，資金常被套牢。

我開始找政府限制較少且收益高的投資，終於發現了土地投資。土地有可能漲到十倍、一百倍，但政府並沒有嚴格的限制。

問題是我沒有資金，光靠節省開銷無法投入高額的土地投資。我思考是否有小額投資的方式時，法拍就吸引了我的目光。由於先前讀過這方面的書籍，也想起一些到處打聽來的消息，於是我開始認真學習法拍。

法拍除了競標方式不同外，權利分析和過程都一樣。物件債權人為一般民眾的話，要參加法拍就必須親自跑一趟法院，當時身為上班族的我很難參與，所以我決定先挑戰物件債權人為政府的類型，這類法拍只要在網上投標即可。結果第一次就得標，當時估值一千五百萬韓元的土地，最低投標價跌到七百萬韓元左右，我以七百二十萬韓元得標。

嚐到了得標的喜悅，我便產生了信心，心想：「這也沒什麼嘛！」但是問題來了，現在該拿得標的土地怎麼辦？轉賣標到的土地成了問題。

雖然踏上不曾走過的路會讓人感到害怕，但我還是透過讀書和研究找到方法。

如果那塊土地有共同持有人，那他就會是我第一個想轉賣的對象。如果共同持有人不願意買，還是可以透過法拍的方式轉出去，不過再次參加法拍需要七到十個月，在等待期間必須去物色下一位買家。經過一番思索，我開始聯絡得標土地周圍的土地所有人，告訴他們我持有中間這塊土地，詢問他們有無購買意願。

在法拍土地中權利分析是很重要的，要看土地的位置、形狀，了解有沒有人需要這塊地。我看過各式各樣的物件，已經掌握了權利分析的方法。如果我的地與道路相連，而我的地的後方那塊地，在他人名下，且是盲地（按：不臨道路的土地），由於連接道路的地才能蓋房子，所以後方那塊地持有人必須買我的土地才能擺脫盲地，釐清這件事就能找到雖然很便宜卻是有人需要的地了。

隨著經驗累積，我的獲利也逐漸增加，有一次甚至以一百四十萬韓元（相當於新臺幣三萬三千元）的價格得標，兩個月後以一千萬韓元售出。沒有人教過我這種投資方法，但因我無論如何都要賣掉土地，透過不停自問，最終才找到了答案。

2 機會從不等人

我才入職兩年，遊艇公司就倒閉了，其實該公司早在破產前八個月，就發不出薪水。雖然同事們都不去上班，但我為了不打破自己維持的生活作息，還是天天進公司。

當時我每天早上五點半起床，七點上班。雖然上班時間是九點，但我會提早到公司上網搜尋法拍物件。下班後，依照先前提過的三六九原則（見第三十五頁）去實地看房。

此外，我出書後經常接到演講邀請，在補足上班時數的條件下，老闆通融我自由的去演講。雖然拖欠薪資對我來說也很辛苦，但去公司還是比待在家裡好多了。後來公司倒閉，我就不得不真的踏上投資者這條路。

房產跟機會一樣，不等人

接下來要談談離職前的事。某次我實地看房時，在江西區發現了一間還不錯的舊大樓，實際要投入的金額超過三千萬韓元（相當於新臺幣七十二萬元）。當時我手上只有大約一千萬韓元，於是打算努力存幾個月的錢，到時候若錢還是不夠，就算借錢我也要買下來。

當時，正好朋友手上有資金想投資，但又不知道該投哪裡，他們提議若有不錯的物件可以共同投資。那段期間我經常跟朋友說自己在做不動產投資，所以周遭的人都知道我常去看房。

然而不知為何，這間房在兩、三個月內飆漲到一億韓元！我當下才明白，原來房地產是不會等人的，機會來了就得抓住。

我非常後悔當時沒立刻買下那間房。

從那之後，我開始正式在拍賣會上進行共同投標（按：指兩家以上之廠商共同具名投標，並於得標後共同具名簽約，連帶負履行採購契約之責，以承攬工程或提供財物、勞務之行為）。我負責投標與產權移轉等繁瑣的文件處理工作，朋友則會給我一點酬勞，這也變成我的其中一項收益。五人一起共同投資，每人各給十萬韓元（相當於新臺幣兩千四百元）的報酬，我就多賺到四十萬韓元（相當於新臺幣九千五百元）。

看出對方的需要

某次，有塊價值超過一千九百萬韓元（相當於新臺幣四十六萬元）的土地，最低投標價降到九百萬韓元（相當於新臺幣二十二萬元），我們以共同投資的方式得標。這是一塊在公寓入口前的五坪大土地，如果在公寓這處開發就一定需要這塊地，雖然當時並沒有馬上要進行的開發計畫，但我覺得這塊地會增值，所以就標下來了。

兩個月後有業者想要開發這塊地，仲介聯絡到我們，原本估價是一千九百萬韓元，結果他們出價一億韓元，再次讓我意識到道路的價值有多高，雖然之前就已經明白這點，但看到業者提出的金額後，還是讓我嚇了一大跳。

從收益率來看，小塊土地的價值非常驚人。因為不管多小，如果是別人需要的地，他們就願意多花錢買，大塊土地總價高，得慎重處理。相較於大塊土地，小塊土地的每坪單價高，實際投資金額低，所以對於需要那塊地的人而言，就算我開出超過市價的金額，他們也不會拒絕。

對業者而言，時間就是金錢。與其浪費時間討價還價，不如趕快把地買下來蓋房，考慮到時間成本，這麼做的收益更大。

我能快速累積到一百億韓元的淨資產，道路投資實在功不可沒。很多道路的價值都能翻好幾十倍，而道路不算在房屋持有數中，所以不需要繳納財產稅和綜合不動產稅，真的是生金蛋的雞。

首爾已經沒有能開發大型社區的土地，所以只能拆除後重建。於是我發現，只要用便宜的價格，在值得開發的地區，透過法拍方式標到物件，然後靜靜等待，就能成為富翁。

我持續用這種方式標到能夠成為道路的土地。不知道需要多少時間這些土地才能賺到錢，雖然道路可以賣到三倍、五倍，甚至十倍，但缺點是變現力差。不過，如果播種量越大，之後收穫的週期會越來越短，以前六、七個月後才有人來詢價，現在只要兩、三個月就會有人聯絡我。

變現力差的物件要用閒置資金投資，但我沒有那麼多錢，所以我把共同投資變成一個事業，藉此提高收益並不斷累積土地。

我的目標是名下有一千坪首爾的土地。整理至今買下的土地面積，我在全國各地總共有兩百處土地，首爾就占了其中的一百坪。假設首爾平均的地價是每坪兩千五百萬韓元（相當於新臺幣六十萬元），一百坪的價值就是二十五億韓元（相當於新臺幣六千萬元）。這樣想想，一點一點買下的土地價值實在是相當驚人。

3 改變人生的「小步驟策略」

任何人都會遇到人生方向發生巨大變化的時候，而我目前出現了三次。第一次是挑戰每天讀一本書，第二次是出版第一本書時，第三次則是我結婚後開始投資房地產。

人生的關鍵時刻是怎麼發生的？全都得靠自己決斷和行動創造出來。開始每天讀一本書是我自己的決定；雖然從來沒寫過書，但下定決心要寫一本書並堅持到底，是靠著我的意志和熱情；決定和心愛的老婆結婚、賺錢照顧家庭而投資房地產，這些都是自己的抉擇。

不過這些時刻之所以能改變人生，是因為我持續反覆行動。翻轉人生的關鍵時刻並不是因當下的意志力所創造，而是取決於後續的行動。很多人都決定要閱讀、寫書和投資房地產，但不是每個人都能今天做、明天做、每個月做，甚至堅持到一年後。也就是說，開始就是成功的一半。

想完成大事，就是重複做小事

美國心理學家羅伯・茂爾（Robert Maurer）在《涓滴改善富創巨大成就》（*One Small Step Can Change Your Life*）說：「完成大事的唯一方法就是重複做小事情。」

我們大腦的杏仁核負責維持體溫與應對危險，圍繞著其他部分的大腦皮質則掌管變化與創造的能力。變化需要皮質的幫助，然而如果事情發展不順遂，杏仁核就會在抵禦危險的同時維護人類的生存，所以如果我們計畫做出改變或做大事，杏仁核就會採取防禦的姿態。

羅伯認為從不會引發杏仁核反應的小事開始做起，才是有效的，他介紹了六個「小」步驟策略，包括：**詢問小問題**、**觀想小念頭**、**採取小行動**、**解決小問題**、**給**

予小獎勵、留意小細節。

六個月內成為訴訟專家

我們公司一位執行長姓梁，他在進入公司以前，當了十五年的職業軍人。我思考要交付什麼工作給他時，默默發現他軍人般的特質，就是無論什麼事都不會放棄，一定堅持到底，由於法拍投資過程經常涉及冗長的訴訟，於是我決定讓他負責這項工作。

軍隊裡服從上級天經地義，梁執行長習慣僅做好軍中指示的工作，但訴訟是必須透過不同情況下與不同人交涉，並從中學習，面對與先前完全不同性質的工作，他感到很害怕。於是他問自己：「為了改變，什麼是我能挑戰的最小事情？」

他從最簡單的案件開始，並在腦海中描繪訴訟過程。由於人的潛意識無法區分現實與想像，所以透過想像能促進大腦活動，在挑戰困難的工作之前，可以用這種方式來調整心態。

隨後，他開始採取行動，接手一個較不費力的訴訟。遇到困難時，就準備一個小小的解決方案；遇到無法解決的問題，才會尋求我的建議或自行查找資料。每完成一件訴訟，他就會給自己一個小獎勵來增強自信，並稱讚自己。

我建議梁執行長詳細記錄每件訴訟的過程。而透過記錄，他找到了大家經常忽略的細節，也發現怎麼做才能更有效率。

梁執行長在六個月內處理了超過五十件訴訟。在短時間裡，能處理這麼多件訴訟的人並不常見。他幾乎成為訴訟達人，快速積累大量經驗，也因此對案件處理變得更流暢且更有自信，可以馬上向任何人說明案件內容。因此，我提議讓他開設訴訟相關的課程。

一開始，他很驚訝並懷疑自己是否做得到。但他還是很順利的在線上與線下共兩百人面前教授了第一堂課，分享自己的所有經驗。

在短期間專注於同一件事並反覆操作，這個方法對他的成長帶來很大的幫助。梁執行長在半年內成為了訴訟專家，不僅開設課程，還簽下了出版合約。

反正情況不會更糟，催出動力

直到二十歲初，我都活在失敗中。被絕望支配的我，認為自己的人生已經跌落地獄再也無法崛起。失敗對我來說相當熟悉，雖然後悔、反省過去，想改變人生，卻不曉得該怎麼做。但在某一瞬間我產生了這樣的想法：「**反正已經在谷底，不會再墜落了！**」這個想法讓我的內心平靜了下來，抱持著這樣的心態，決心要一步步往上爬。

在軍中的某次長跑，我覺得心臟跳到快要爆炸，抱持著再跑一點點就好的想法繼續跑下去，最後得了第一名，結果大家對我刮目相看。後來每次的晨跑我都當舉旗手，身邊的人看我的眼光也變得不一樣了。

過去，我幾乎沒什麼受人認可的經驗，開始受他人期待後，我就產生了無論做什麼都要堅持到底的決心。最重要的是，我學到了得到他人的認可並不困難，親身體會到，即便辛苦，只要再多努力一點，我就能以某種方式得到收穫。

一百句話都不如一次的經驗重要，即便是小到不起眼的事，也能體會成功帶來的感受。日積月累，漸漸就會產生自己什麼都辦得到的信念。

今日的小小成功

我們往往會覺得，只有那些實現宏大的成就才算成功。總會給自己壓力，覺得一定要上好大學，進大企業工作，找到令人稱羨的伴侶，需要擁有撫養兩、三個孩子的經濟能力，且無憂無慮的享受晚年。以這樣的標準來看，人就會對自身產生疑惑，覺得就算多讀一本書，又有什麼用？早起又有什麼不一樣？

試著換個問題：我得做什麼，才能夠找到好工作或擁有自己的房子？在股市或比特幣上大賺一筆就可以了嗎？還是得中樂透？如果只存著僥倖的心並守株待兔，就無法透過小小的成就，獲得滿足和幸福感。

與其把人生賭在這些事情上，不如先培養自己，面對人生問題時能抬頭挺胸且抱有積極自信。不要把成功想得太宏大，若總覺得十年、二十年後的未來還很遙遠的話，現在做的事可能會顯得毫無意義。

韓非子說：「泰山不讓土壤，故能成其大；河海不擇細流，故能就其深。」累積細微的小事能成就大事，有時候忽略小事可能鑄成大錯。偉大的成就絕非偶然，今天做的這件小事將會完全改變自己的未來。為了讓今天過得比昨天好，明天過得比今天更好，現在馬上就開始行動。

4 沒有體力，意志只是喊口號

不知道從什麼時候開始，健身和自我成長這兩個關鍵字被綁在一起。對渴望改變自己的人來說，運動是很好的起點。

我們不是實驗室裡，飄在玻璃瓶中的大腦，而是擁有身體的人類。想改變過去，得先照顧好身體，要做到這點，只能靠意志、努力與習慣。如果想在新地方嘗試新事物、過新生活，就要運動改善體態。

運動會加強體力。不管是坐在書桌前讀書還是工作，體力不足就無法堅持下去，自我開發是場持久戰，所以必須好好儲備體力。

運動也能培養自信心。「健康的精神存在於強健的身體裡」，正如這句話所說，身體改變了，心情也會跟著改變，甚至會讓人產生不管做什麼都會成功的正向心態。

運動還能提升專注力。不論是誰，一天都是二十四小時。為了好好利用有限的時間，我們必須提升專注力。

在韓國電視劇《未生》中有句臺詞：

「如果有目標，就要先培養好體力。你就是體力不足，所以才會經常在後半段就放棄。人們體力一下降，就會尋求舒適圈，導致對很多事情都漸漸失去耐心。若沒辦法忍受勞累，就會把成功拋諸腦後，如果想達成目標，得先打造一個能承受這些煩惱的身體，**沒有體力，意志也只是一句口號而已。**」

運動也有益於學習。在韓國教育廣播公司的「新聞G」中，節目曾探討過「靠運動提升成績」的主題，他們對比每天早上運動一小時後上課與沒運動就直接上課的學生，兩者學業成績存在明顯的差異，因為運動會刺激大腦，提高專注力。最近腦科學研究所發現，有氧運動不僅能讓人心情愉快，還能提升大腦的功能，學習效果也會隨之提高。

完成每日運動

學生時期，強迫縮短睡眠時間、熬夜念書的體力是有限的。我們需要體力，才能完成自己想做的事，這就是為什麼運動對自我成長很重要。

我學生時期身材矮小，經常遭人欺負。當我決定改變人生後，開始運動和閱讀。可是除了每週去健身房上兩次教練課以外，我抽不出其他時間運動。意識到不能就這樣下去，後來我找到了解決辦法，那就是徒手訓練。

關鍵依然是記錄。我會寫下運動日誌，制定清單「每天做一百個伏地挺身、兩百個肩部訓練動作、十個引體向上」。

早上我會到家門口的公園運動。利用公園裡的運動器材做伸展操，一組十五到二十下，共做三組，再開啟一整天的生活。我家在九樓，平時我都是用走的上去。如果當天想多做下肢運動，就多爬兩到三次（為了保護膝蓋，下樓時我會搭電梯）。等地鐵或公車時，則利用椅子做三頭肌訓練，因為要在列車或公車到站前完成，所以會更認真做。

不管有多忙，我都會運用零碎的時間稍微鍛鍊身體，現在我對鏡中的自己非常滿意。

如果只沉迷於工作或學習中，沒有好好顧身體，就無法徹底享受成果，即便經濟自由，也會把錢和時間花在治病上。

不進步就會被淘汰

某位朋友與我過去的處境極為相似，如今我們卻大不相同。我已脫離先前的那種日子，而他仍然過著與以往差不多的生活。勉強靠外送維生，經常獨自喝酒喝到神志不清，撥電話給我。

也許有人會問：「你那麼有錢，為什麼不幫他？」如果他沒有心，我這點幫助完全無法解決根本的問題。若他有心改變卻找不到方向，我自然樂意幫忙。

他說：「只要這樣活著就好，什麼都不做的話，至少還會落在及格邊緣吧。」當時他是一名二十多歲的上班族，跟現在一樣常喝酒，還沉迷於賭博：「不知道什麼時候會死，今天想幹麼就要盡情享受啊！」

雖然這也是一種生活方式，但很現實的是，人不進步，就會失敗、被淘汰。確實沒有人知道自己什麼時候會離世，但反過來說，我們也不知道自己會不會活到一百歲，甚至一百一十歲，所以必須事先做好萬全準備，不能像年輕時什麼都不思考的方式過活。

現在已是百歲時代，我的朋友說出那句話時，才二十幾歲，距離韓國法律規定勞工退休年齡六十歲，要撐到那時也還有四十年，我們難道不用為此做些什麼嗎？有些人會說：「雖然想改變，而打算多讀點書或多做點什麼，但因生活過得很艱辛，所以沒有任何餘裕。」

我能夠理解，工作一整天回到家累得躺下就睡，醒來又要去上班。這樣日復一日，人會失去思想與意志，活得像喪屍一樣。

可是這世界不會等人，也不會對我們說：「我會停止前進等你成長，在這段期間裡，你不用繳房租，各種費用全免。」無論如何，生活還是要繼續，有些人不管怎樣都想利用零碎時間做點什麼，而他們有更高的機率擺脫令人窒息的空轉人生。

有時事情不順利，即使下定決心也無法行動。心想：「啊，今天毀了，明天再開始吧。」這種**小失敗累積起來的無力感會漸漸吞噬我們，讓人無法行動**。如果已經下定決心，就算是很小的事情也要先開始動手。

現在馬上起身吧！先洗澡，再打掃家裡，然後出門散步。從小小的行動開始，之後就會開始往大挑戰了。

5 成為「動詞人」

常有人說我的行動力很強，但我並非一開始就如此。小時候因為環境不好，我的個性非常膽小，被人欺負後變得更畏首畏尾，我討厭那樣的自己，因此不斷努力嘗試改變。

「與其後悔什麼事沒做，不如做了之後再後悔。」

根據美國康乃爾大學心理學教授湯瑪斯．吉洛維奇（Thomas Gilovich）和維多利亞．梅德韋克（Victoria Medvec）的調查，人類在短期內會記得「做過後悔的事」，但長期來看，人類對於「沒能做過而後悔的事」印象會更深刻，而那樣的感覺會越來越強烈。

不安、鬱悶、急躁和憂鬱等負面情緒能透過行動消除，如果不知道該做什麼的話，可以先從閱讀後，實行書中所學開始。不管事情再小都無所謂，總之先累積成功經驗吧！

行動讓恐懼消失

閱讀書籍後，有些人因發現世界上有太多自己不知道的事，而感到灰心、不想行動；有些人則因為害怕失敗，想先安排完美計畫和學習後才開始。

如今，資訊量過多反而會帶來負面影響，我們會覺得這個看起來不錯，那個也不錯，而猶豫不決。或因太多不好的資訊和事例而感到恐懼。

雖然每個人都不一樣，但我認為行動會讓恐懼消失。舉例來說，大家都認為法拍很困難，其實只是因為沒有嘗試過。法拍的好處是，競爭者較少，得標率相對高，所以只要成功得標一次，就不會再猶豫不決了。韓國也有價值五千韓元或一萬韓元的土地，可以把這些標的當作練習，得標後體驗整個過程，如此一來就能知道這樣的投資方法適不適合自己。

法國詩人保羅・瓦勒里（Paul Valéry）說：「不照自己的想法過活，就會照生活的樣子去思考。」

我想把這句話改成：「如果不照自己的想法行動，就會照過去的樣子生活。」

如果只是設定一百天的計畫，人生並不會變動。二十九歲時我一年讀了五百二十本書，生活也沒有馬上改變，只因我光閱讀卻無實際行動。

為了成為自己心中的模樣，就必須成為動詞型的人。動詞型人格就是把目標轉換成行動。想成為動詞型的人，就得逐步執行自己辦得到的事，達成目標，體會實現目標時的滿足感。重點在於根據計畫設定具體的實行方案，先從目前能夠做的事開始執行，絕不拖延。

如果想透過做法拍而有所成就，每天至少要花十到二十分鐘搜尋物件。不管做什麼，都要試試看才能找到適合自己的事，不要怕試錯。

與其花時間猶豫要不要做，不如直接付諸行動吧！只有實際嘗試，才能知道某件事是否適合自己，腦中出現了什麼想法就先做看看。成功的話當然很棒，就算失敗也當作積累經驗，絕對不會吃虧！

現在馬上可以做的事

正能量來自於執行力，而負能量源於懶惰。努力生活的人對自己的評價，往往是正面且充滿活力與自信。反之，生活懶散的人只會不斷說出負面的話，甚至厭惡自己。

努力完成小事的經驗也很重要。改變從小地方開始，完成一件事會感到滿足，而這份感受又會轉化為成就。成果大小不重要，重點在於執行並且完成了一件事。累積這種經驗，表現的越來越好，信心會隨之提升，之後能更容易邁出第一步（見下頁圖表5）。

行動越多，負面思考的時間越少，腦中就能充滿正面的想法。一旦體驗過這種良性循環的力量以後，人就會變得更加堅強。

如果每次都只是下了決心卻不了了之的話，你可以問問自己：「我現在馬上能做什麼？」

如果你認為「再怎麼努力也沒用」、「根本就沒有奇蹟」，那麼現在正是該行動的時候。挑戰永遠不嫌晚，**失敗者不是最晚抵達終點的人，而是那些坐在一旁觀看，試都不願試一下的人。**

奇蹟只會發生在不屈服於困境且不斷行動的人身上，只有自己能改變自己的人生。

圖表 5 開始執行後，就能從中獲得滿足感及成就感，進而提升自信心，達成行動的良性循環。

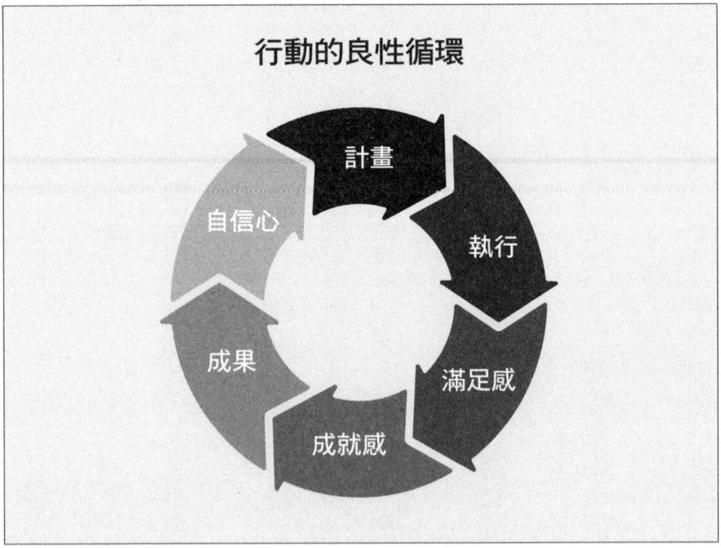

6 小小獎勵的巨大力量

美國心理學家史金納（B. F. Skinner）在行為主義理論中指出，獎勵對人類有很大影響。做某件事時，若給予使人更有動力的犒賞，就會更加努力向上。不管是物質或是心理上，只要沒有獎勵，人就容易怠惰，會找各種藉口拖延，或因害怕失敗而不願嘗試，甚至因為不相信自己而放棄。

辛苦完成工作後的獎賞，力量會更強大，任何獎勵都能強化動機，使我們馬上去做那些不想做的事。

你是不是一直在翹首盼望別人給你獎勵？其實不必如此，我們隨時都能獎勵自己。例如，挑戰「每天花三十分鐘讀二十頁的書」，如果挑戰成功，以下四種賞賜，哪個是最棒的？

1. 盡情花光三十萬韓元。
2. 盡情玩樂一整個星期。
3. 稱讚自己做得很好。
4. 算算看自己讀了幾頁的書。

根據史金納的理論是因人而異。或許你會覺得像第四點那樣回顧自己的行動，根本不算真正的獎勵，但事實上，我們的大腦會把記住成功經驗也視為一種獎勵。試著回想一個過去的成功經歷，是不是覺得很滿足且自信心增強？關鍵不在於獲得犒賞本身，而是藉此強化的執行力。我認為小小成就能培養真正力量的最主要原因，就在於第四種賞賜。

記錄今日成就

在軍中，我養成了一個習慣，每天會思考自己面臨到的挑戰，並把內容整理到筆記本上。在軍中我們必須寫修養錄（按：相當於臺灣的大兵日記，韓國的軍隊生活與臺灣類似，需要寫類似週記、日記的紀錄），一開始是因為規定，寫到後來我的內心感到很平靜。有時一整天什麼事都沒做，反而覺得自己好像過得很懶散，當天結束時就會因為沒什麼能寫，而感到生氣與不安，所以更積極過每一天。

希望大家能養成睡前記錄今日小小成就，藉此為一天畫下句點。明確把自己做過的小挑戰整理好，這個過程就是一種獎勵，即便當天未達成預定的目標。不過今日事未能今日畢，明日的負擔就會加重，因此不得一再拖延。

成功的單位

自從我決心要開啟我的第二人生後，開始把「一天」看作是一個小小成就的單位。每日的挑戰與總結構成了小成就，就算終極目標是一年後或三年後才能達成也無妨，無論目標多長期，我們都必須成功度過今日。

如果計畫定得好，現在就不用擔心一年後的事。只要專注今天的事，把每一天過好，一年後終究會達成目標。然而，請大家不要忘記，當日的挑戰與總結是一整套的。

證書，堅持的動力

到達中間目標的獎勵就如同畢業證書。國中畢業後，看到學弟妹就能感受到自己的成長。高中畢業後，不論成績好壞或是否考上大學，大家都成為得對自己人生負責的成年人了。

實行計畫時，我們也需要一個能讓自己直接感受到自身成長的畢業證書。取得證書，會讓人產生完成事情的成就感，而畢業證書則會被當成跳板，讓人踩著跳板飛得更高。

如果談閱讀這件事的話，透過寫書、寫部落格的方式分享知識與祕訣，也算是一種畢業證書。學漢字，獲得證書的方式則是通過漢字能力檢定。

拿房地產投資來比喻，從實地看房到最終完成投資，這段過程就是為了理財而升級的階段。以我為例，開始投資後，設定了要投資成功一百次的目標，而我也達成且超越了。

遊戲往往會用直觀的數字來顯示角色等級，如果等級不明確就失去樂趣，玩家也很難繼續玩下去。把行為的獎勵視覺化能成為邁向成功的強大動力。

7 低潮期是你表現優秀的證明

回想過去，當我感到疲憊或陷入低潮時，往往都是我非常努力卻看不到成果的時候。

事實上，許多專家表示，**人類的能力通常呈現階梯式，每踏上一個階梯，都會經歷一段停滯期**，就是所謂的低潮期。若能克服，就能邁向下一個階段，反之，若屈服於低潮，都將前功盡棄。

以學習語言為例，很多人都碰過這種情況：不管再怎麼努力學英文，卻無法持續提升實力。但只要照著自己制定的計畫努力，堅持下去，就能慢慢感受到進步。不只語言學習，讀書和運動也都是如此。

學會放手，才能克服低潮

我也經歷過極度的低潮期。

有一天，我突然覺得心累，連翻書都很吃力。「咦？昨天看書狀況都還很好，今天怎麼會這樣？」

本以為過幾天自身狀態就會好轉，沒想到遲遲沒有起色，我深感衝擊。明知自己得讀書，但就是沒辦法讀進去，讓我心情變得煩躁且備感壓力。

我覺得不能再這樣下去，於是中斷閱讀，空出一段時間放空並安慰自己。放下書本後我才看見了低潮的原因。

我太渴望從書中得到收穫，雖然藉由閱讀找尋值得學習之處與掌握知識固然重要，但若想一次獲得太多東西就會變得貪得無厭，接著就會出問題。

當時我每天都不只讀一本書，就算每本只挑一項去實踐，一個月也有三十件事要做。前一天的事都沒辦法好好實踐、內化，卻又強迫自己做新的事。導致我在某一瞬間，放棄了一切。

面對原因後，就找到答案了。我放下實踐的壓力，承認自己無法辦到所有事，最重要的是，我得拋棄快速實現計畫並取得成功的欲望。**正因為放手，才得以克服當時的低潮**。

有人說要享受低潮期，但我還達不到那個境界。不過即便辛苦，我也不會放下想進步的心。我可以肯定的說，低潮是為了讓人騰飛的踏板，那些安於現狀、沒有目標或什麼都不做的人，是不會有低潮期的。我甚至認為，**遇到低潮就代表自己正在努力**。

請記住，要累積足夠的量才能引發質變，這就是量變產生質變的法則。許多人都在對事傾注所有熱情後，因看不到盡頭而放棄。倘若不放棄並堅持到底，就能見證改變的那一刻。

竹子長得高的原因

任何事情都不可能永無止境的持續發展，**為了爬得更高，有時候就需要暫停一**

下。要比喻的話，就像竹子形成竹節時，會暫停生長。竹節是竹子生長的跳板，也可以說是進階的準備過程。

杜拜的哈里發塔（按：為目前世上最高的建築）應用了此原理，每三十層樓就設置一個類似竹節的構造，提高抗風能力。因此，哈里發塔才能突破八百公尺的人類技術極限，成為八百二十八公尺高的大樓。

在實踐過程中也需要竹節這樣的段落。在實踐過程中加入一節一節的暫停期，就能在奠定成長基礎的同時，往上躍進一層。

激勵法

當進入低潮期時，我會上社群網站，找努力生活的人，看激勵人心的影片，鼓勵自己並調整心態，這在我懈怠時也很有幫助。

如果是什麼都不想做或沒辦法做的狀態，先放下壓力，找激勵人心的影片來充個電吧。或是找找名言佳句記在腦海裡，遇到困難時，如果能想到一些符合自身情況的話語，就能得到意料之外的強大力量。

古羅馬哲學家塞內卡（Lucius Annaeus Seneca）說：「我敢肯定，偉大之人有時會展開雙臂迎接逆境。神會給予那些祂所認可且喜愛的人逆境，藉此鍛鍊、考驗並訓練他們。從未遭遇不幸的人最為不幸，烈火鍛金，不幸能鍛鍊出勇者。」

不屈不撓的心

大家只要一提到成功，就只會羨慕眼前看到那些好的一面。因此，當有人問我成功的祕訣時，我不會輕易開口。因為論及我經歷了什麼過程才能達到這個位置，其實大都是長時間反覆做著無聊的工作，有時停滯不前，甚至會遇到退步的時期。通往成功之路並不是一條往右上升的直線，是一條曲線，而且還是一條錯綜複雜的線。因為這條線是由我們之前畫下的點所連接而成的。

致富就跟減肥一樣有停滯期，我也經歷過倒退的時期。我的年薪曾經破億韓元，但在三十二歲時又淪為外送員。當時我靠閱讀大量書籍來調整心態，每次因感到心累而在腦中激勵自己的句子，就是從書裡讀來的。

荀子說過：「騏驥一躍，不能十步；駑馬十駕，功在不舍。」意思是千里馬向前一跳不超過十步，一匹又老又慢的馬跑十天，也能走千里，成功的關鍵在於堅持下去不放棄。

即便是現在，我還是每天花一個小時以上搜尋物件，也會實地去看首都圈內的物件。每週至少參加一次法拍會，這是我在沒錢時也堅持做的例行公事。

成果一個個出現，我感受到生活持續進步，而這也成為更堅強的動力，帶領我邁向更大的成功。要踏上成功循環的軌道，就必須經歷忍耐與堅持的磨練。世上沒有任何人能一步登天，想要成功就需要這些冗長的過程。

8 我的季節還沒到

我在三十歲當英語講師時，年薪破億韓元，辭職後去當麥當勞外送員。當時有位成長背景和我類似的大哥，他的事業每個月營業額超過一百億韓元，看著我的處境，他搖著頭對我說：「你為什麼要這樣過日子？你還要這樣過多久？」我無法忘記他對我感到心寒的眼神。

雖然我想成功，但也打從心底懷疑自己是否會這樣過一輩子，這股突然襲來的不安，讓我總覺得得做點什麼。

當時開始做的事就是寫感恩日記，並且專心讀書一年。因為對於我的人生，除了看書，我想不到其他的突破口。

然而什麼都沒實現，一味的讀書讓我焦慮不安。我的腦中不斷縈繞這些疑問：

到底什麼時候才能看到成果？現在這樣悠哉讀書對嗎？乾脆利用這個時間去做其他事會不會更好？我甚至想過，買樂透或虛擬貨幣也許還能更快見效。

我太著急看到變化與成果，所以日常生活中經常出錯。雖然知道我得先學習等待，但由於缺乏經驗，也無從得知該如何擺脫急躁。

對抗急躁的咒語

既然決定要花一年讀書，人生中至少這件事要穩穩的往前推進。我給自己設定了一年讀三百六十五本書的目標，為了每天讀完一本，把時間分割到以分鐘為單位來計畫。

現在有很多上班族會來找我諮詢，他們想辭掉工作專心做法拍投資。因為我以前也是邊上班邊做法拍，所以能理解他們的心情，但我還是希望他們能一步步來。豪爽辭去工作全職投資的成功機率並不高，**心態太過迫切反而容易招致失敗**。

每當我內心搖擺不定，我就會像念咒語一樣默念這兩句話：

● **「人一能之，己百之；人十能之，己千之。」**

別人一次就能做到的事，反覆一百次我也能實現；別人十次就能做到的事，反覆一千次我也能實現。

● **「蓋棺論定。」**

人一生的功過在蓋上棺材蓋前，任誰都無法斷定。

當下覺得自己沒有什麼成就，請不要慌亂，也是有很多人是後來才慢慢獲得成果。而反覆思考這些話有助於穩定自己的內心。

我並非春天的花朵

某天我透過收音機聽到這個故事：

韓國男演員柳承龍在大學時期，很嫉妒與羨慕同學的成就，而向教授訴說自己的內心話。

當時教授的鼓勵給了他十足的力量：「我們都是花朵，有些花在春天開，有些則在夏秋冬。如果你現在還沒有開花，那表示你的開花時機一定在其他季節，所以你要繼續努力。」

就像教授說的那樣，現在只是還不到我開花的季節而已。植物為了開花，會經歷艱辛的過程，接收陽光製造養分，根部則要吸收水分，只為開出美麗的花朵而默默堅持。

我也告訴自己，只要不放棄，總有一天會迎來好日子。靠著書本並記錄自身情感，誠實表達內心就足以讓我感到慰藉。

我的閱讀速度越來越快，一年後，讀了五百二十本書，超越了原本的目標，那股滿足感與成就感比想像得還要強。

感恩日記的效果

當外送員時，穩住我心態的就是感恩日記。其實太常聽到感恩這個詞，很多人覺得寫感恩日記沒什麼用。以前我也這麼認為，但親自試過以後，才知道大家異口同聲推薦是有理由的。

感恩只靠心想是不夠的，寫在紙上才能更深刻的印在腦海裡。

有些人覺得自己沒碰到什麼值得感恩的事，其實，當你必須寫感恩日記時，即便很勉強，你也會擠出東西來感謝。

看到這裡，或許有人會接著想：「勉強寫下來的感謝有什麼用？」事實上，人無法同時思考兩個方向，不是正面就是負面，寫感恩日記時必須找到感恩的事，負面想法就會隨之消散。即便是勉強找到值得感激的事，或是假裝感謝，寫久了，也會產生發自內心的感受。

試過後感覺沒效的話，可能是這個方法不適合你。就算如此也要嘗試一遍，至少成為一種經驗，累積一些訣竅。

開始寫感恩日記後，讓我逐漸習慣留意周遭事物，以前忽略的事也因為要寫感恩日記，而開始留心觀察。

舉例來說，我從家裡到江南高速巴士客運站的麥當勞做外送時，我注意到周遭開的花和土壤。天氣晴朗時，我感謝天氣好；下雨時，則感謝下雨的韻致。我開始對於日常中瑣碎的小事，甚至只是因為活著而能享受這些小事，存著感恩的心。

像這樣寫感恩日記，人的思考迴路會轉向正面。會懂得感激小事，細心顧全周遭事物，從而平心靜氣，生活變豐富。最重要的是不放棄，從人生完蛋的想法，逐漸變成過得還可以、還有希望。

餵養正面之狼

如果現在有負面想法，可以問自己以下的三個問題：

1. 當我產生這個想法時，我快樂自在嗎？

2. 這個想法有助於改善人際關係嗎？
3. 這個想法有助於實現我的目標嗎？

經常正面思考的人，很容易把想法轉向正面；經常負面思考的人，即便有好事發生，也會無法接受。

一位印第安酋長對孫子說：「人的內心有兩隻狼在打架，一隻是充滿悲傷、憤怒與不安的負面之狼，另一隻是充滿喜悅、愛與親切的正面之狼。」

孫子問：「哪隻狼贏了？」

「你餵哪個傢伙牠就會贏。」

我們要一直問自己前述三個問題，寫下來效果會更好。寫感恩日記就是在餵養正面之狼。一旦成為習慣，就能正向思考。

9 創造錢滾錢的系統

每當有人問：「怎樣才能賺很多錢？」我都會反問：「你有試著存錢嗎？」

很多人好奇賺錢的方法卻忽略了存錢，相較於積少成多，反而有很多人都期望能一夜致富。面對那些不認為錢會積沙成塔的人，我想問：「積沙不會成塔嗎？難道你沒有過這樣的經歷？每次看到某東西便宜而購買，結果等收到信用卡繳款通知，才發現自己花了這麼多錢。」

相信很多人都有過這種經歷，看到帳單時，會困惑的想：「我什麼時候花這麼多錢了？」

如果想賺錢，不如先試著存錢。即便現在沒有賺多少錢也一樣，不先存起來就什麼事也做不成。

舉例來說，我經營的論壇中，一位會員以約三百萬韓元（相當於新臺幣七萬兩千元）標下了一個物件，然後以七百萬韓元的價格售出。另一位會員用幾百萬韓元的資金標下了一個物件，以一千萬韓元的價格售出。

這種例子不斷出現，他們也不是一開始就知道這種方法，而是因為學習和挑戰才慢慢有了成果。

了解自己的支出

如果沒有資金的話，可以先透過打工或認真工作存錢。雖然賺得少，但如果在掌控收入方面不盡力，在其他事情上也都將無所作為。先持續做自己能控制的部分，而最容易掌握的就是消費，最簡單明瞭的存錢方法，就是不花錢。

存本金時，我每天用便利貼記錄支出明細。在一張小便利貼上寫下日期，咖啡多少錢、飯多少錢等，然後貼在月計畫表上（見下頁圖表6）。便利貼越多代表消費越多，這麼做能讓我清楚意識到要努力減少消費。

另外，信用卡或線上支付容易讓人對花錢的感覺變得遲鈍，所以，為了避免不知不覺越花越多，關鍵在於記下所有支出。

至於房地產、股票或虛擬貨幣等投資，由於其價值並非我們所能控制，所以不要對無法掌控或不熟悉的領域孤注一擲，而是要專注於可掌握的消費上，藉此先存到一桶金。

即便只存了百萬韓元也能參與法拍。投資拍賣的物件，像撒種子一樣開始，把這種小額投資當作練習，壓力也

圖表 6　作者的月計畫表，將支出明細寫在便利貼並黏在月計畫表上。

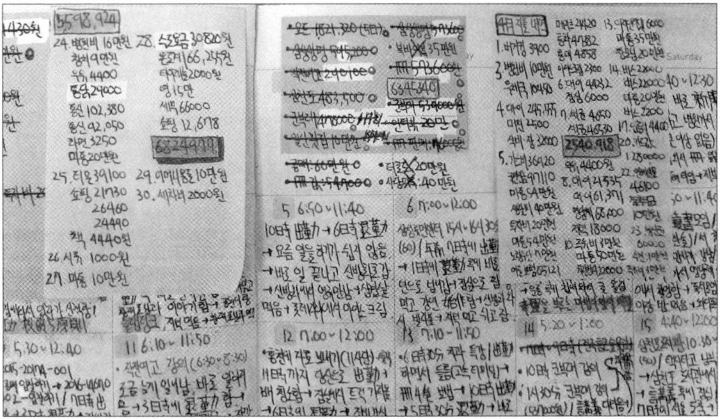

較小。我曾經用五十五萬韓元（相當於新臺幣一萬三千元）的價格標下一個物件。資金不多的人，可以先考慮共同或小額投資。

快速存錢的方式

除此之外，還有三種快速存錢的方法：

1. 遠離嗜好性商品

我不喝酒、不抽菸、現在也不喝咖啡了。若喜歡這些嗜好性商品，會讓人習慣性的花錢。僅僅只是減少這些開支，也能存到意想不到的金額。

2. 不使用信用卡

我沒有信用卡，雖然貸款時我不得不辦信用卡，但後來全都剪掉了。我非常討厭分期付款，所以只使用簽帳金融卡，大筆開銷也是如此。雖然有些人會覺得信用卡點數或優惠很方便、很好用，但相較於那些好處，我認為少花一點、多存一些會更好。

3. 把七成以上的收入存起來

工作時，我一定會把八成收入存起來。這有可能嗎？當然有可能，雖然很辛苦，但我真的非常努力存錢。畢竟等把想買的東西都買完，再把用剩的錢存起來，這種方法很不切實際。不要高估自己，先存錢，然後再省著花，否則薪水一夕之間就會從戶頭裡溜走。

我把這些內容整理後放到社群網站上，收到了很多迴響。其實這些都在我的預料之中。

「收入多才存得了錢，收入少，根本辦不到。」

當然，藉由自我提升來提高薪資也很重要，但很少人能一開始就收入高，**如果連收入少時都沒有省錢的經驗，又沒有養成儲蓄習慣的話，就算賺得再多，也會一**

點一點花光。

有人會說：「我不想過那種沒有社交、既沉重又無聊的生活。」但我說的方法，並不代表你一輩子都要這樣過，只是在存到本金之前，沒有省錢以外的其他方法。而且有所成就後，自然會出現更好的人脈，如果為了更好的生活而努力，和朋友的關係卻因此破裂，那表示這段感情不過如此，也無需留戀。

想得到一些東西，就得做取捨，不可能同時做所有自己想做的事，又實現自己想要的成長。

錢滾錢的系統

先前強調了存錢的重要性，但這只是準備本金的過程，必須建立讓錢自動賺錢的系統（見下頁圖表7）。

自從我開始出書講課後，只要有人邀請授課我就會去。但突然有一天我的喉嚨開始疼痛。內心產生「每天講課而損耗自己的身體，這樣下去，我還能活多久」的想法。

美國作家羅伯特・清崎（Robert Toru Kiyosaki）在暢銷書《富爸爸，窮爸爸》（*Rich Dad, Poor Dad*）寫道：「窮人與中產階級為錢而工作，富人讓錢為他們工作。」

意思是，**我們應該利用金錢的力量來成為錢的主人**。讀完這本書後，我便開始思考如何建立系統讓錢自己賺錢。後來想著，除了把標到的不動產租出去以外，

圖表 7 建立錢滾錢的系統。

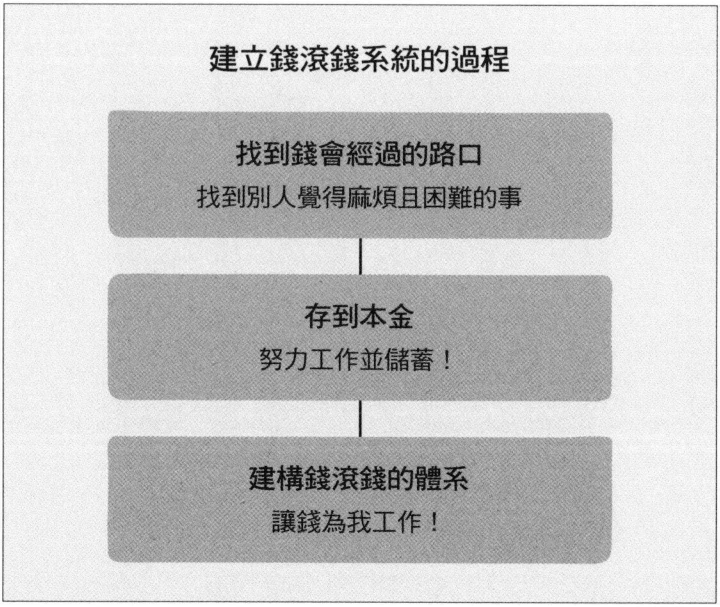
建立錢滾錢系統的過程
找到錢會經過的路口
找到別人覺得麻煩且困難的事
存到本金
努力工作並儲蓄！
建構錢滾錢的體系
讓錢為我工作！

我也可以做自己的事業，這樣應該能獲得更多的收益。

舉幾個例子，我開始用得標的建物經營共享辦公室。如果只是出租，月收益只有一百萬韓元，但經營共享辦公室後，每個月收益竟超過六百萬韓元（相當於新臺幣十四萬元）。

二〇二二年，我在標下的十二樓建物裡設置一個網球場，僅出租用途的話，每個月收入可能不到八百萬韓元，但是四個月後建立網球場，每個月營收卻能超過四千萬韓元。才開幕不到半年就有這樣的效果，之後的營收也越來越高。

建物的價值取決於進駐企業的經營狀況和租客繳交月租，隨著營收增加，建物的價值必然也會跟著變高。我以這種方式獲得額外的收益，並擴展到建築開發等事業領域。而這就是錢滾錢的系統。

遠端收益

我請前面提到的梁執行長讀《富爸爸，窮爸爸》，他讀完後深受感動，說這本書開啟了他的新世界。梁執行長以軍人的身分過了十五年，沒有自己創造收益的經驗，而這本書讓他看見了完全不一樣的世界。

他問：「但我不曉得建立讓錢為我工作的系統是什麼意思，到底怎麼樣才能讓錢為我工作？」

我說：「讓我來告訴你吧。」

我和梁執行長一起買下了一棟濟州島的建築，然後註冊 Airbnb（按：Airbnb 是一種訂房網站，不同的是 Airbnb 強調共享概念，任何在 Airbnb 上通過申請的人，可以提供閒置房子、房間給人住宿）並登入那棟建築的資料，藉由提供短期住宿來賺錢。

我說：「我們現在位於首爾，但在濟州島買下的這棟房地產自己幫我們賺錢。把這個系統建立起來，這就是讓錢為我工作的系統。」

這時梁執行長才理解。經歷了錢滾錢的情況後，他努力培養商業頭腦。開始思考怎麼讓我們公司賺取更高的收益或價值，就算沒有我的指示，他也會嘗試各種創意的事。如今他已經進到新的階段，開始思考如何創造附加價值。

系統投資的固定模式

股票也是用錢來賺錢的代表性手法。投資股票時，我注重的不是收益率而是數量。剛開始我跟很多人一樣，也是反覆買了又賣，但後來站在長遠的角度來看，盡可能累積股票數量以獲取更多收益。

舉例來說，假設某人持有十股三星電子的股票，當漲了兩倍，雖然這代表他有收益，但這點錢很難算是賺大錢。別說開心了，他可能會後悔：「早知道就多買一點了。」

反之，如果持有大量的股票，就算只稍微上漲一點收益也很高。持有十股上漲一〇〇%所獲得的收益，如果持有一百股，只要上漲一〇%就能達到，而持有一千股的話只要上漲一%就能達成。

當然，下跌時的損失也會相應增加，因此我們得慎選。

這就是為什麼我要買長期看漲的龍頭股或ETF（按：Exchange Traded Fund，中文全名為指數股票型基金，是一種在證券交易所交易，提供投資人參與指數表現的指數基金）的原因，不管漲跌，只要持續定期買進，雖然等待並不容易，但五年、十年後，收益就會像滾雪球一樣增加。

新冠疫情結束後股價暴跌，可以說是哭喪聲不斷，我所持有的股票中也有很多收益呈負數。然而，我卻把它視為機會，又多買了一些下跌的股票。我的原則是只在股價下跌時買進，當然必須有閒置資金才可能辦到。

現在我也還在持續買股票，目前漲幅最高的股票收益率超過二五〇％。因為尚未賣出，所以不確定收益如何，也有可能會下跌。但我相信績優股就算有波動，持有時間越長就會帶來越高的收益。

雖然不同的股票情況各異，但定期收股息，就跟房地產收租的狀況一樣。現在我每個月光是股息就有幾百萬元韓元進帳。像這樣累積本金，投資有價值的地方，建立起賺錢的系統，這樣才是投資真正的目標。

第四章

分享，你的成功與困難

教法拍的補習班裡，很多講師只為了鐘點費而授課，並不會授予真正重要的知識。房地產投資課程也是如此，他們只會講一些皮毛知識，慫恿你付錢聽更多重要的內容。雖然有些人會再付錢，但像我這樣踹門離開的人也不在少數。

在資本主義社會裡，收費是理所當然的事，但對於當時貧窮又迫切渴望知識的我來說，這種商業態度讓我既生氣又難過。

「雖然目前我的知識和經驗都很淺薄，但我要毫無保留的分享。」我之後在部落格上寫投資的事例或講課時，都會把知道的一切全分享出去。具體說明所有過程的理念，漸漸成為我的特色，也有越來越多人留言表示感謝。

接著令人驚訝的事就發生了。部落格訂閱人數迅速增加，授課邀請蜂擁而至。找我的人越來越多，領域也越來越多元，跟他們交流擴展了我的事業領域。雖然把投資經驗全都告訴大家，但我的投資收益並沒有減少。

1 成為有正向影響力的網紅

二十歲後半時，我曾為幾個講師和自我成長類型工作而成名的人工作。知名人士會吹捧我，觀眾好像也因此敬佩我，讓我覺得有點神氣。然而，離開他們後才知道，這個名聲只是假象，並不是真的屬於我，我一獨立出來就什麼都不是了。

成為知名部落客的條件

我意識到建立自身品牌的重要性。但該如何打造屬於自己的品牌呢？當時雖然還沒有 YouTube，但部落格正流行，因此我想寫看看。目標是成為自我成長領域中知名的部落客，想要打造「我」這個品牌。

我抱著一定要成為知名部落客的想法，每天用各種標籤發布各式各樣的文章，但我馬上就意識到這個想法是錯的。如果沒有將自己的品牌和價值融入到部落格裡，就算有幾篇文章點擊率很高，不但部落格無法成長，也無法讓觀眾持續關注。像空罐子般，砸下去聲音很大，裡面卻沒料的部落格，很快就會顯露本質。

於是我改變了自己的想法，唯有找到真正想和別人分享的東西，大家才會對我的文章產生共鳴。思考過後，我開始上傳與閱讀相關主題文章，這是我一直以來都在實踐且喜歡的內容。

像我這樣以前完全不讀書，卻突然開始閱讀的人，在實行閱讀計畫時會經歷許多試錯過程。因此，我決定和大家分享自己領悟到的讀書技巧和書籍評論。此外，當時我努力學習英文，所以持續上傳英文的名言佳句。如此一來，內容也就越來越豐富了。

二〇一三年，做外送的那一年半裡，我開始在部落格上寫「挑戰一百天寫一百個感謝」的文章。其實當時開始寫感恩日記，是因為現實生活過得非常艱辛，對未來感到茫然。不過，我在《因一百個感謝而變幸福的智美》（暫譯，臺灣未代理）

圖表 8　作者寫的每天一百件感恩的事。

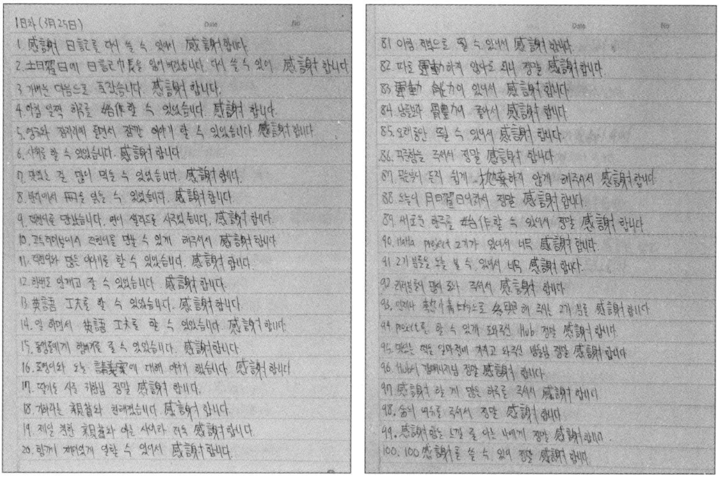

中讀到，寫感恩日記讓人變幸福的故事後，便決定實踐看看。

每完成一趟外送工作，我都會坐在樓梯上，掏出筆記本寫下十件感恩的事。一天至少要送十幾個地方，每天能寫一百件感恩的事（見圖表 8）。後來覺得這樣寫太多了，於是就改成每次寫三到五件。即便如此，一天還是寫了五十件事。

我每天不間斷的上傳文章，造訪部落格的人越來越多，留言也變多了。想到有人在看我的文章，就覺得很開心。

開始，就是成功的一半

部落格時代轉變成 YouTube 時代，對於原本都在寫作的我來說，要開始拍片非常不容易。從決心開始做 YouTube 到上傳第一部影片，就花了整整八個月。當時的我不停的想：「為什麼我這麼不會說話？難道我腦中的知識如此淺薄？露臉讓我壓力好大。」

此時，一位在 YouTube 上擁有數萬訂閱人數的朋友催促我：「不管怎樣，就是坐在鏡頭前，無論如何，今天一定要上傳一部影片。」

他說，任何事都只是起頭難，一旦開始就會做得很好。我硬著頭皮上傳一部影片後，發現確實是如此，而後就容易多了。我就這樣持續上傳影片幾個月，流量就變多了。

當時法拍沒那麼普及，我曾懷疑是否會有人來看我的影片。然而事實證明，世上一定有人對這件事情感興趣，而且在 YouTube 上提供有趣的內容也很重要。

例如，「標下有墓土地後該怎麼做？」、「標下賓士後車子修理的過程！」

等，這樣的內容受到極大關注，就算是不做拍賣的人，也會因為好奇而點開來看。這類影片紅了之後，頻道訂閱數就開始暴漲。

許多人說社群媒體已經是紅海市場（按：指已經存在、市場化程度較高、競爭較激烈的市場），沒有成名機會。不過我認為，與其去尋找藍海市場（按：指尚未被開發、很少或沒有競爭對手的新市場），還不如在紅海市場裡，打造屬於自己的藍海。關鍵在於要不斷思考自己和他人的差異在哪裡，並注入屬於自己的色彩。

2 持續做好一件事

我持續經營部落格九年，主要目的是上傳讀書記錄，藉此激勵自己。歸功於每天認真更新，我才能成為知名的部落客。

某天，一家出版社注意到我的部落格，來問我是否有興趣出書。他們建議我把閱讀方法、過程與部落格上的內容整合起來，出一本有關閱讀法的書。

當時是我頭一次意識到我的部落格文章能賺錢，並且開始期待成為作家。於是我把能寫的內容做成一份出版企劃書，寄給數十家出版社，好奇自己的文章會得到怎樣的回饋。神奇的是，有幾家出版社聯絡我，後來，我在結婚前出版了我的第一本書《一讀一行》。

剛出版時，市場上沒有什麼反應，但在我結婚一個月後開始出現迴響。這本書爬到了自我成長類暢銷排行榜第二名，版稅最多還收到一千萬韓元左右。我最初沒有期待或預想到金錢上的回報，只希望寫書能改善我的生活。我抱持著這樣的心態，盡最大的努力，結果比預期還好。

口耳相傳下，書的價值越來越高，開始有人來邀請我演講。因為出版與閱讀相關的書，所以經常收到學校與軍隊等的演講邀約。演講費少則二十萬韓元（相當於新臺幣五千元），多則六十萬韓元（相當於新臺幣一萬四千元），也常有人拜託我免費演講。只要有邀約，我都會很感激，不管在哪我都會去，還能藉此提升我的影響力。

結合不同的經歷，創造更高價值

開始投資法拍後，我把每次參與競標的原因和獲得收益的過程，全部寫到部落格上。

法拍相關的關鍵字搜尋逐漸增加，有人會留言給我，說上傳的資訊對他們有很大的幫助，這些話也給了我許多鼓勵。雖然起初只是為了自己，但有了大眾給的回饋，讓我更有動力認真記錄。

某天我收到了一則留言：「我想學法拍，請問您有開設課程嗎？」

之後陸續出現詢問課程的留言，完全在我預料之外，畢竟開始寫部落格時，我並沒有想過要開班授課。

我有邊學英文邊教初學者的經驗，而法拍屬於親身經歷，所以我覺得應該能做得更好，於是就在部落格上公告了開課通知。第一次的課程收費是十萬韓元（相當於新臺幣兩千四百元），共有十二人參加，幾年後學生人數增加數百位，收費也增加到五倍以上。

因新冠疫情的影響，所有的演講都被取消，我擔心收入跟著受影響，所以更認真實地看房，打開我的投資雷達，因此收益並沒有大幅下降。

在教學領域上，新冠疫情反倒成了讓我成長的機會。過去只從事線下教學，如今已擴展到線上，不再受空間限制，可以提供給全國各地的學生。

目前網路課程部分也已經站穩腳步，關鍵契機是二〇二二年，韓國網路授課平臺「Class U」上的課程。課程的一分鐘影片獲得超高人氣，我的課程在 Class U 上創下最短時間內的最高銷售額紀錄，在房地產領域穩坐冠軍。

那段一分鐘的影片，在 YouTube 上的觀看次數超過一千一百四十八萬。從那時候開始，我的月收益從一億韓元大幅增加到三億韓元以上，因此產生的收入，透過投資的方式如雪球般滾動式增長。

3 賺錢的社群網站

我經營的自我成長論壇「Life Changing」中，不少人充分運用社群網站來賺錢，例如，為夢想而從事教育產業工作的會員亞羅斯。

亞羅斯的月薪是七十萬韓元（相當於新臺幣一萬七千元）。付完房租和電信費，稍微花一點餐費就所剩無幾了。下班回家的路上，每次聞到香噴噴的韓式雞蛋糕，都要忍住想吃的欲望，因為他每天早上會吃一個家裡附近麵包店賣的紅豆麵包，麵包三個才一千韓元（相當於新臺幣二十五元），如果買了韓式雞蛋糕，就要餓三天不能吃早餐，經濟方面過得非常辛苦。

某天，他為了慶祝紀念日，買了一朵花給當時的女友，也就是現在的老婆。那朵花五千韓元，雖然這麼做會讓他半個月沒辦法吃早餐，但為了讓女友開心，他還是買了花，女友收到花後開心的笑了出來。看著她如此開心的模樣，亞羅斯心都要碎了，他意識到，原來沒錢就看不見心愛的人的笑容。他開始懷疑，如果連心愛的人都照顧不了，堅持自己的夢想，是正確的嗎？

於是，他決定改變這個現實。最先選擇靠體力的勞動，但這種工作並不容易，於是他又嘗試需要動腦的工作。因為沒有本錢，亞羅斯決定用無資本方式做的電商、海外代購、部落格等，只要能賺錢的途徑他都試過。其中韓國部落格 Tistory 的收益最高，在 Tistory 中可以加入 Google AdSense 的廣告，訪客每點擊一次廣告就能賺到錢。

他一開始跟著熟悉部落格的人學習，雖然因此成長飛快，但他認為如果想要達到更厲害的程度，就得擁有自己的祕訣。為此，他甚至去學心理學，研究怎麼吸引人點擊廣告。他下班回到家已經七、八點，但還是每天發二十篇左右的文章，經常會熬一整夜，再去上班。亞羅斯就這樣經營好幾個 Tistory，一年後月收超過了一千萬韓元。

這樣賺錢的網紅有個共同點，他們會找有效的方法，把自身的優點融入文章。

尋找適合自己的且稍微擅長領域

如何創造出屬於自己的內容？首先我們要審視自身，也就是需要自我分析。你可以對自己提出以下問題：

- 我是怎樣的人？
- 我對什麼感興趣？
- 我做什麼事會感到幸福？
- 我擅長什麼？
- 我想怎麼過生活？

這些問題不會馬上就有答案。只有透過不斷對自己提問，才會發現自己能持續投入哪些事情或領域。剛開始也許會不曉得自己喜歡什麼，但無論如何，還是應該選擇自己感興趣且稍微擅長的領域。

想法和經歷，都能成為內容

每個人的個性都不一樣，經歷與思考也各不相同。所以就算看到、聽到同樣的事物，提出的想法與見解都因人而異。我們已經有屬於自己的內在，只是還沒挖掘出來而已。

在自己的領域裡，學習、思考、經歷都可以成為內容，這不只是成功與失敗的例子，學習的過程對一些人來說，是一種幫助與啟發。

展示出來，才能擴展人脈和錢脈

不管多喜歡自己的內容，如果不展示出來，誰也不會知道。要透過各種方式表現並宣傳，並不是說要誇大其詞或炫耀，只要說明自己的成就與經驗即可。其中也可能包含失敗經驗，講述如何克服也是屬於自己的一部分。

最好的方法還是利用社群網站。

另外，積極參與線下活動來宣傳自己並建立人脈也很好，這樣不僅不需要宣傳費，進入的門檻也很低，誰都可以辦得到。最重要的是持之以恆，而這部分就取決於自己的努力了。

4 說好自己的故事

雖然每個人都有屬於自己的故事，但表現出來又是另一回事了。即便擁有出色能力與特殊經歷，如果無法講好自己的故事，就可能會被埋沒。反之，有些人故事講得好，即使能力不突出卻能一帆風順。

其實不用把講故事想得很難，就只是透過文字、圖片、影像、聲音等方式傳達知識或資訊而已。人天生就喜歡故事，在文字發明之前，我們就已經在創作故事並互相交流了，所以重要的是該怎麼傳達。

想講故事，經驗越多越有利，雖然把沒什麼大不了的經驗講得生動固然重要，但如果沒經驗，就等於沒有情節。所以**想把故事講好，最重要的是要認真生活**。

當故事與自己的形象、品牌相融合時，會給人留下更深刻的印象。不幸的記憶或失敗的經驗也能成為故事，在成功道路上走得一帆風順並不有趣。想想電視劇或電影，哪個故事不是起承轉合，有不幸也有失敗，成功才會更有戲劇性，而人們看到克服的過程也會深受感動。

我毫不掩飾的公開自己不幸的童年。演講時經常提起小時候的事，我認為這種經歷能讓人印象更深刻。聽眾會覺得連我都能克服困難了，沒什麼是做不到的。

不管經驗是好是壞，它們都像是點綴夜空的星星。把星星連起來，要創造一個怎樣的故事取決在自己，不要為過去的不幸或現在的困境而沮喪，把這些經歷變成故事並與人分享，更能提升屬於自己的品牌價值。

練習寫作方式：改寫句子

自從我著手寫部落格後，開始正式講故事。為了持續更新，我把瑣碎的經驗與知識都整理好後上傳。而更進一步講故事的方式，就是寫書了。

因為我看過很多書，不知不覺間也萌生想寫書的念頭，想藉此尋找人生的轉捩點。然而我對自己沒有信心，不曉得像我這樣的人可不可以寫書……不，應該是不知道自己有沒有能力寫書。

以前我總認為應該先把文章寫好，才有辦法寫整本書，但我覺得自己很不會寫作，於是花了幾百萬韓元去上作文班，不過實則沒什麼收穫。

後來我懂了，**練習寫作最好的方法就只有多寫**。我試過最有效的方法之一，就是把現有的句子改寫成自己的風格。例如，有句話是：「建造萬里長城的方法，是先擺一塊石頭上去。」我會把這句話改寫成：「盡孝道的方式，就是現在馬上打電話給爸媽。」集結書中內容，模仿各種作者的文體，寫作能力也漸漸變好了。

開發屬於自己的內容和故事很重要，只要把故事表達出來並分享，就一定會有人看。我的部落格累積了好幾年的內容，點擊觀看人數也越來越多，還有出版社向我提出出書邀約，代表這些故事得到了認可。

出書後我的品牌變更穩定了。我現在又得到了一個頭銜——閱讀法書籍作家。雖然寫書時很痛苦，但是書出版後就開啟了新的大門，藉此我能夠更上一層樓，做更多的事。艱苦的過去與徬徨的經歷，變成書中的重要資訊，而且出書還促成了我開課，進而提升了我的品牌價值。

實踐，是結合知識的黏著劑

在此我不得不再次強調實踐的重要性，**因為創新的事物不是突然從天而降的，而是透過實踐來的。**

實踐與學習密不可分，就如同線會跟著針走，要實踐就要有學習為基礎。寫感謝日記也不應該只是寫寫而已，也要閱讀相關書籍。**一邊讀他人的經驗，一邊汲取知識，並將合適的部分應用到自己身上，才能達到最大的成效。**

獨自實踐與他人一同嘗試後掌握的知識，兩者之間不只分量不一樣，品質也不同。舉例來說，專家群的實驗結果，包含了我們學習一輩子也無法得到的知識。

在學習各種知識的過程中，透過不同新知，就會感覺到自己的領域在擴展。圍繞著自己感興趣的主題，融合相關領域的知識與經驗，形成屬於自己的內容。

創造的法則就是異質結合，也就是從不同領域知識的結合出發。吸收了許多作者的知識，並串聯自己的經驗與知識後，便能再進一步開發新知。

通常理論與知識的結合，中間缺乏黏著劑與催化劑，兩者非常容易分離。實踐可以起到作用，將兩種不同的知識合而為一，這樣就能再造出屬於自己獨一無二的內容。

反覆讀書、實踐、重新學習，不僅能增強競爭力，還會對學習產生興趣。再創造獨特、有別於他人的優勢，以展示自身價值，藉此建立起更厲害的職涯，走向更廣闊的世界。

5 遇到困難別氣餒，表示你又多了一個故事

我在二〇一五年出版第一本書，當時我發現自己的經驗與知識可以幫助他人，而且還能帶來收益。正如前面所說，故事是有力量的。

如果我能幫人輕鬆處理訴訟或法拍等難題，這將會成為我獨有的利器，能為大家提供充分的價值。而這件事能成為我的故事一部分。

把困難當成遊戲任務

即使不參加法拍，做任何事時都會有遇到困難與挑戰的時候。很多人會想：「壓力太大了，我辦不到。」

反之，我會這樣想：「如果能解決這些問題，我就多一個故事可以說了。」例如，當我解決連律師或法務都難以處理的問題後，這件事就變成我的資產，能向其他人分享。要擁有這種思維，就必須經歷解決問題的過程，而這個過程很像在玩遊戲。

「這種等級的問題都能解決了，就挑戰更難的問題吧。」不妨把自己想像成遊戲角色，把困難的事當成遊戲任務。如果任務不具有挑戰性，遊戲就不好玩，也就失去繼續玩遊戲的理由了。

把我的成長變成內容

每個法拍物件都有屬於自己的故事，而我參與每一場法拍，也都是自己的經歷。當我把這些事分享出去，就能提升我的價值，也才能得到回饋，進而增加動力。用經驗和內容來補強，我的品牌會變得更加穩固。

解決問題時，因為這些經歷都能轉化成故事，所以會感受到一種喜悅。

舉個例子：某次，我走訪一間得標的屋子，裡面堆滿了垃圾。前屋主因為生活困難且精神上出了問題，把附近的垃圾全都撿回家裡，弄得整間亂七八糟。雖然這是我得標的房子，也不能隨意處理掉裡面的物品。

於是我聯繫了前屋主的家人，取得動產的所有權拋棄切結書，然後開始清理內部空間。我委託了清潔公司，還找三位阿姨還有一位共同投資的朋友，五個人一起花四天三夜清理房子。用了超過一百個垃圾袋，還動用五輛一噸的卡車。之後花超過一千萬韓元裝修，把垃圾屋變成每個月都有房租收入的屋子，這也是拍賣的正面功能之一。

而且從我的角度來看，「標下史上最糟糕的垃圾屋，轉換成收益」，把這段過程製作成影片上傳到 YouTube，反應極佳。越困難的事情，反而越能形成有趣的故事。證明世上沒有任何經驗是無用的。

當然，一開始也許會很慌張、很辛苦，但是反覆發生一、兩次後，積累經驗，協商能力也會變好，了解流程與程序後就不再感到壓力。學會節省成本的訣竅後收益會更高，工作也變得容易。

問題在於人們很容易放棄，且不願意反覆做一樣事情。

韓國有句俗話說：「蓋一次房子就老十歲。」不過，那些不放棄蓋房子的人說，從第二次、第三次開始，他們就漸漸年輕三歲、五歲。一開始經歷很多試錯的過程，承受很多壓力，但重複幾次後，失誤減少，甚至還變有趣了。

成長越多，成果也就越好。如果不斷製作這些內容並分享出去的話，就能占有獨一無二的地位（見下頁圖表9）。

圖表 9　整理事件發生及解決過程，最後轉變為只屬於你自己的內容。

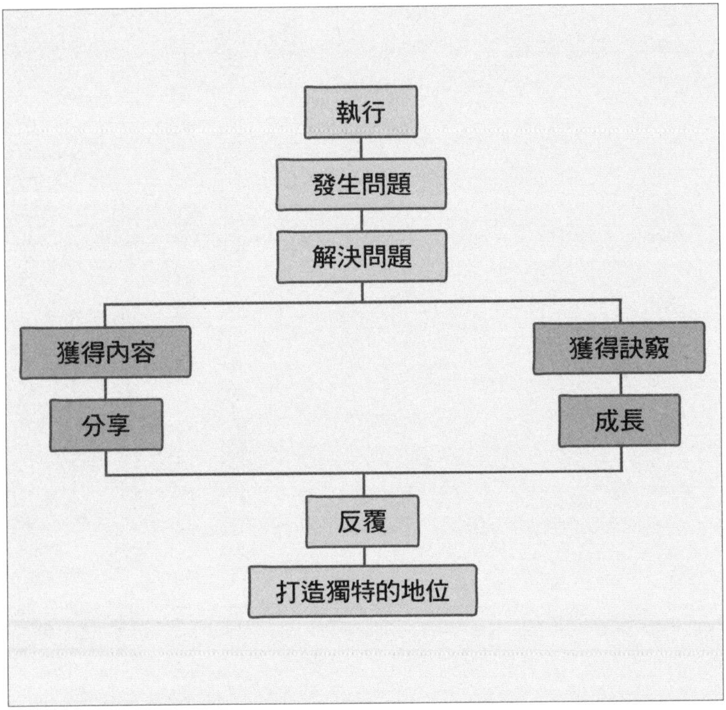

6 分享，讓我變專家

現在來談談我開始參與法拍時的事。一開始我讀了很多法拍相關書籍，這類書籍很艱澀難懂，於是報名了相關課程。不過，我覺得這種方式並不適合我，於是決定自學。雖然經歷很多試錯過程，但這些都成為了我的經驗，能更快掌握知識。因為我記憶力不太好，為了避免忘記，也不想再經歷第一次的手足無措。所以我把法拍過程一一記錄下來，這麼做其實主要是為了自己。

去過法院的人應該都知道，法拍流程非常複雜。你到了這裡，對方叫你去那裡，去了那裡，對方又叫你來這裡。面對複雜程序總會讓人迷失方向，無止境的浪費時間。

因此，我透過詳細記錄，碰到類似的問題時，只要翻開筆記，我便能清楚知道接下來該怎麼行動。每經過一個程序，我都一一拍照並詳細寫下該做的事，然後加上很直觀的標題，例如：獨自完成法拍所有權移轉、自助登記方法、去法院前要準備的東西等。

愛迪生也隨身攜帶筆記本，記錄發明、經營研究室的相關細節與專利法等複雜的業務，而這些被留下來的筆記，超過五百萬頁。

前面已提過記錄讀書內容的重要性，而工作記錄會直接關係到我的表現，所以對我而言筆記非常重要。有人會說自己能把所有事情都記在大腦裡，但只要你沒有天才般的記憶，請別太過相信自己。

正確傳遞資訊，才能帶來收益

更重要的是，這些記錄成為屬於我創作的內容。

我決定公開所有自己知道的事，不打算偷藏私或再收取額外費用。法拍案件多不勝數，就算藏私也得不到多大好處。不如把我知道的資訊，分享給那些跟我一樣迫切的人，大家一起獲得成功。而我認為這點還能讓我在其他專家中脫穎而出。

「謝謝你，這對我來說真的很有幫助。」這類留言出現後，除了感動，我深刻認為自己的做法很有意義。

經常在韓國著名搜尋引擎網站 Naver 上搜尋的人就會知道，雖然網路上有很多部落格，但會傳達正確訊息的卻不多。很多部落格為了賺取廣告收益，上傳一堆釣魚性的文章與標籤，浪費他人時間。認真往下滑，卻只看到不符合關鍵字的內容，大家應該都感受過那種空虛感。

我非常詳盡的把親身經歷，整理成精華寫進我的部落格裡。

因為我非常努力投資法拍，因此能迅速創造出含金量很高的內容，對於想投資法拍的人肯定很有幫助。隨著處理物件的金額越大，難度越高，內容也變得更加豐富。此外，我還會附連結供人下載需要的文件，於是就吸引了更多人。

當知識與經驗轉換成金錢

講投資課程時我也完全不藏私，毫無保留的授予大家。結果就吸引更多人來聽課，課程也辦得更好。隨著越來越多人因為我的故事而受益，我的影響力也跟著增強。當然，記錄的過程讓我變得更有條理，也能幫助我記得更久。

二〇一八年，由韓國資產管理公司所管理的 OnBid（按：促進韓國公共部門實體擁有的財產的線上交易）聯絡我，表示他們正在準備活動，主要為了讓大眾更了解物件債權人為政府的法拍，希望我能去演講。

我問：「你們是怎麼找到我的？」果然是因為部落格。在搜尋引擎上搜尋 OnBid 法拍，我的部落格文章會顯示在最前面。如今我多了「OnBid 講師」的頭銜和「房地產投資人」的職銜，積累起了信任與權威。

7 你有什麼能跟大家分享的？

我教法拍投資課時，很多人問：「為什麼要公開所有的賺錢方法？」有人會說：「這些都是自己辛苦學來的，如果是我，才不想輕易告訴別人。」我也能理解，但現在已經不是說藏就能藏的時代了。

刪掉重要內容的話，大家都會察覺到「反正這個人不會告訴我重要內容」，然後就轉向其他地方。就算我不說，其他人也會公開，這個世界就是如此。這麼一來，我反而只會失去競爭力。

參加法拍與一般買賣的物件有很多，我不可能全都標下。當我看到我的學員善用我的方法賺到錢，都會感到十分欣慰。而且與現在剛起步的人相比，我認為自己應該挑戰更棘手的事，這樣我才有資格成為他們的榜樣。

不和學員競爭

我的鐵律是不和學員競爭。

我想繼續往上爬，把別人覺得又難又辛苦的事變簡單明瞭，然後再把方法提供給需要的人。對自己公司的員工也一樣，我把訣竅全都教給了他們，然後我再去做更有價值、更困難的事。正如之前提到過的，不要把自己侷限於法拍這個項目裡。我還在繼續往其他領域擴展，同時把自己累積的經驗與訣竅全部公開，期望大家跟著我一起成長。

我看過韓國著名中華料理李連福主廚教烹飪的節目，有人問：「為什麼您會公開配方？這不是商業機密嗎？」

他回答：「就算教了，也沒有很多人會跟著做。」

這是事實。不管我教了多少方法，會親自嘗試的人其實不多。更多人會說：「原來是這樣做的，以後我來試試看。」卻不會實行。就算嘗試了，因為過程既無聊又辛苦，所以很少人會堅持到底。

即使得到相同知識，每個人的執行力都不同。照著李連福的食譜，大家做出來的味道也不會完全一樣，**因為成品的背後，必須有時間積累的經驗與判斷力等因素支撐**。

因此，當我們獲得的知識或經歷中，有能分享且對他人有益的內容，就不要吝嗇。輕鬆快速把自己擁有的東西授予他人，也是提高競爭力的方式。

一起成長才能更加茁壯

網路讓彼此越來越親近，融合與協作越來越重要，而溝通能力是一種新的競爭力。所以在幫助他人時，建立好關係或給人留下良好印象，逐漸受到重視。

我的經驗是越分享，就會越成功，因為我也能隨之成長。為新手打基礎的同時，自己也在不斷發展。

感謝我的人越多，我的領域就越廣，轉化為收益的可能性也越大。

你有什麼能分享給大家的嗎？

你能幫助到誰呢？
必須先成為能付出的人，這樣才得以有所收穫。

第五章

超成長閱讀法

我和書本的緣分，是從軍中生活開始的。當時我正找尋未來該如何生活的答案，偶然看到韓國小說《刺魚》（暫譯，臺灣未代理）。之前從來不碰書本的我，讀了一、兩章後就停不下來，內心激動不已。然而軍中環境無法讓人盡情閱讀，我只能把書藏在軍服裡，偷偷跑去廁所讀五或十分鐘。

由於這是我第一次看小說，當然覺得有趣，很好奇接下來的內容，也因書中各式各樣的人物感到驚奇。之後我開始看自我成長書，為找尋未來人生的指南，讀了超過一千五百本書。

讀書後的心跳加速，是我準備好做出改變的徵兆。讀完書後，不能只用反省或感嘆來作結，必須為反省後得到的領悟付諸行動。

1 沒有資本？讀書吧！

有人說在這個時代很難冒竹出好筍。但我不那麼認為，在現代沒資本、沒學歷、沒人脈的人也有機會出頭，因為有很多資訊能免費取得，也有很多能展現自我的平臺。即使身邊沒有人提攜，還是能在網路上建立人脈。

接下來，我會根據自身經驗介紹五條法則，告訴你一無所有的人如何自我成長。

改變參照群體

要改變影響自身想法與行動的人，就要改變參照群體。去親近那些散發正能量，為改變而努力，且不斷成長的人。這是網路連結的時代，我們能透過網路親近值得學習的人。

不只有物理上的環境要充滿正面能量，精神環境亦是如此。能量是會傳染的，無意間嘆息與否定的話語，都會削弱自己的熱情與意志。

如果無法馬上做點什麼，就跟書本親近吧。就算一無所有，書本也會樂於與你相遇。被好書圍繞，接收書本所傳遞的訊息吧。

改變思考迴路

在世上，我們唯一能控制的，只有自己而已，那要怎麼改變？

首先，我們要思考自己是怎樣的人、想過怎樣的人生。雖然許多人為了獲得成功而煩惱，但真正為自己苦惱的人卻很少。我們要先了解自己，才能知道自己想怎麼生活、未來要做什麼。

為了改變腦中的想法，我們要讀書學習。改變思維後，行動就會變得容易。然後設定目標，根據目標制定計畫並付諸行動。

畫下成功的點

從小事開始做起。我們不可能沒有經驗，就直接挑戰攀登珠穆朗瑪峰。

例如，你可以每天早上起床後整理好周圍環境，再去散步；身體變輕盈後，接著實踐書中所看到的內容，慢慢增加能做的事。

我們很難預測未來五年、十年後的情況，不如在目前的情況下，盡情體驗各種事物。我們所畫下的點（活用各種經驗），將重生為一幅美麗的畫作（最終獲得的成果、成就）。

培養影響力

無可取代的價值並非一朝一夕就能形成。我們必須堅持不懈的累積經驗與知識，並用有趣的方式將其傳遞出去。

讓全世界的人知道「我」的經驗與知識。雖然看起來沒什麼了不起，但若受惠的人越多，自己的影響力就越大。

從開始投資法拍時，我把整個過程詳細記錄並公開在部落格上。有些人響應了我分享的資訊，我也藉此體驗到越分享就越成功、快樂的道理。

與世界連結並擴展世界

不要因為在某領域取得成就，就感到滿足，停滯會造成退步。我們應以自身專業領域為連結，擴展到其他項目，而連接點就在於人。

光靠自己一個人是不夠的，就算白手起家的人，也不可能只憑自身力量取得成功，與同伴互相交換價值並一起成長，這樣才能讓成就更加偉大。

改變環境、改變自己，進一步擴展。如此一來世界就會變遼闊，視野更加開闊，我期望每個人都能擺脫停滯不前的世界。

對我而言，一切的開始來自於書籍，所以下篇我想多聊聊書本。

2 最快改變環境的方法

我們一生能認識的人有限，而找到優秀之人的可能性也有限，找到貴人亦不是件易事。緣分經常不如我們所願，或因為太內向而很難認識人。既然這樣，不如閱讀書本，也能獲得優質內容。

當我一無所有時，書本是我唯一的靠山。身邊沒人能給予我忠告，書本就相當我的父母、老師與朋友。

書都是在相關領域取得一定成就之人所寫的，只要花一萬韓元就能了解他們的訣竅，有些甚至可以免費讀到，真的非常划算。只要我下定決心，就能在短時間內吸收他們的經驗和建議，就算沒錢，只要有意志與時間，也能將各式各樣的知識內化成自己的。

住在書店旁的原因

我在韓國最大的連鎖書店江南教保文庫附近，租了一間半地下室的房間，因為沒錢買書，我需要一個能盡情讀書的環境。跑外送時和打工前，一有空就去書店，而且一定要讀完一本書才出來。

我單純的只想透過閱讀快速成功，卻沒有具體計畫。雖然充滿熱情與精力，這世界卻沒有我的容身之處，也沒有人需要我，每當我感覺自己辛苦又茫然時，都會去書店，並不斷對自己提出書中出現的提問，因此也逐漸摸清具體的想法與計畫，能決定自己要做什麼、該如何生活。

不要再埋怨環境了。

環境不好並非自己的錯，所以覺得委屈也情有可原，然而之所以會說不要**埋怨環境**，是因為這麼做並**不會改變任何事情**。既然如此，就沒必要把精力浪費在無法改變的事情上。

藉由讀書改變環境

為了在某領域取得成功並成長，建議遵循以下三個步驟：

1. 閱讀累積基本知識。
2. 認識專家。
3. 設定目標並執行。

我就是用這些步驟累積資產。

由於我婚後感受到房地產的重要性，再加上身邊沒有任何能給我房地產相關建議的人，所以我比之前更頻繁進出書店，只要一有時間，就會窩在書店裡閱讀房地產書籍。

書不會挑人，它不過問你的履歷與職業。沒錢的話，可以去圖書館借書，或是像我以前一樣到書店裡翻閱。只要懷著接受書中內容的心態，書本就會毫無保留的告訴你一切。

沒有人脈就自己創造

房地產相關書籍有個共同的建議：想了解房地產，就一定要實地走訪。因為書上讀到的內容與實際看到的情況會有差距。儘管如此，如果毫無準備就去現場，也只能看到自己了解的部分，所以最好先透過閱讀建立基礎知識後，再去實地走訪。

誰和房地產有關？就是房地產仲介。我沒錢時也會看房，和仲介聊天取得實際情報。以前我認為房地產投資是有錢人才能做的，所以過去只會唉聲嘆氣，什麼都不做，實際上很多事比想像中容易，書讀多了，便會不知不覺付諸行動。

除了去房地產仲介公司，當時我還很常看經濟頻道，也聯絡節目上的房地產選址分析師。由於他對房地產投資有更深入了解，所以我甚至邀請他一起看江南區的物件。

那時，我才知道能利用全租方式購買新建公寓。位於良才站周邊，附分離式廚房的獨立套房售價為兩億一千八百萬韓元，用全租方式出租的市價為兩億韓元（相當於新臺幣四百八十萬元）。我馬上交付訂金，找全租租客，用這種方式支付尾款。即使只是小小間的獨立套房，我依然擁有自己名下的房產。到現在我都沒有賣出這間房，雖然面積小了點，但未來價值還會上升。

開始做法拍投資時也是如此。透過閱讀法拍相關書籍，累積基本知識，然後參加講座，和學法拍的人交流，並規定自己每天一定要花一小時搜尋法拍物件。

一邊讀書，一邊認識人，或是實踐自身所學，一點一滴付諸行動，這樣就能更快速把書中內容變成自己的東西。

3 讓好書圍繞你

自從在軍中，讀完《刺魚》後，就一直被書本吸引。我接下來讀的是跟自我成長有關的書《媽，我成功了！》（暫譯，臺灣未代理）。當時我頭一次發現自我成長類的書籍如此有趣，值得學習的部分也很多。

我以前總覺得自己是世界上最辛苦、最可憐的人，但看著書中主角處境比我艱難，最後還是獲得成功後，我發現我的情況根本不算什麼，甚至他們的故事激發出我的信心，讓我覺得其實很多事情，我也辦得到。

看著這些書，我也樹立目標。此外，很多書都提到筆記的重要性，因此我也開始做筆記。努力的正向思考，讀書效果逐漸顯現。

那些沒讀過書或覺得讀書很難的人，往往被必須熟讀的刻板印象綁架。所以就算覺得無趣或讀不下去，仍然硬著頭皮看下去，結果到最後就直接放棄，進而打消了讀書的念頭，想：「書本果然很無聊！」

其實沒必要從頭到尾讀完一本書。也許只有小說例外，其他類型的**書都可以先看目錄，挑選自己需要或感興趣的部分閱讀**，讀完之後如果還很好奇，就繼續看剩下的部分，反之，可以放下書本了。

而且也不需要一次只讀一本書，我推薦大家在每個觸手可及的地方都放幾本書。例如，在書桌上放需要專心閱讀的人文類書籍，床頭放睡前輕鬆讀的隨筆或小說，包包裡也可以放一本有空就能讀的書。

選書的方法

推薦大家閱讀時，我最常被問：「該挑什麼類型的書呢？」不怎麼閱讀的人，不懂得怎麼選書，一進書店就眼花撩亂。

讀書除了需要專注力、理解力與意志，**最重要的是必須先消除書本帶給自己的**

壓力。

在苦思方法時，我會翻開給兒童看的偉人傳記。這是小學時，母親為了我而買的整套書集，過了二十年我才全部看完。這套書每本都不到一百頁，字也很大，中間還有插圖，就算是初學者也只需要兩、三小時就能讀完。

雖然以前我不讀這些書而讓母親傷心，但因為是花大錢買的，所以每次搬家我都沒有把它丟掉，而是放在儲藏室裡。沒想到過了二十年後，為了養成讀書的習慣，我把這些書找了出來。

搭大眾交通工具時，我也會翻開兒童讀的偉人傳記，雖然有時候會感受到異樣眼光，但我並不在意。因為我最了解自己的缺點，與其在乎別人翻著不符合自身能力的書，還不如閱讀符合自身水準的書然後受人指點，這才是明智的選擇。如果一開始就看讓自己備感壓力的書，也許就無法堅持下去，反而還會討厭書籍，無法養成讀書的習慣。

各類推薦圖書

養成閱讀習慣非常重要，所以最好從容易閱讀的書開始，一本一本慢慢讀。選擇自己感興趣的領域，讀書的樂趣就會增加。以下我要告訴大家一個祕訣，代表性的三個種類中該選擇怎樣的書：

1. 人文類

包含了對人類和生活的智慧與洞察，這類書籍可以幫助我們得到很多省思，比如我為何存在或人活著應該抱持怎樣的心態等。若初學者覺得人文類書籍很難，可以依照以下的方式閱讀：

- 從寫給兒童或國、高中生的書籍開始。這種書比較容易讀，如果想更深入了解內容，再去看寫給成人看的書就可以了。
- 看解讀類型的書。就像介紹電影或影集一樣，這類書會用簡單的方式說明。

先讀這種書再去看厚厚的人文書，就能快樂的把書讀完了。

- 反覆閱讀。即使一開始看似困難，反覆鑽研還是能慢慢理解。不懂的部分就多讀幾遍。

2. 小說

透過不同角色，了解各式各樣的生活與思考方式，藉此理解他人，學習解決問題的方法，讓生活變得更豐富。

- 選書可以像選電影一樣，大多數的小說封底都有內容摘要，你可以選擇看起來有趣或與自身處境相似的書。
- 如果覺得某位作家的書很有趣，就找找他的其他作品吧。如果這位作家受另一位作家啟發，不妨嘗試接觸另一位作家的創作。這樣一路讀下去，就能擴大閱讀範圍。

3. 自我成長類

主要講述在特定領域或人生中取得成就的技巧，所以讀完書後什麼都不做就沒用了。因此，一定要實踐一項觸動自己的事，先試試看，不適合就放棄。雖然不能盲目相信，但實踐很重要。

- 選擇跟目前的煩惱或問題相關的書。
- 如果有打動你的句子，可以另外記下來作為生活的指南。
- 根據書中的建議制定計畫。

4 初學者閱讀法

只要識字就能閱讀，為什麼市面上還是有那麼多閱讀法相關書籍？因為**真正的閱讀是需要訓練與技術的**。雖然也可以盲目閱讀，但很多人會在感受到讀書的樂趣之前，就因疲憊或無趣而放棄。閱讀是要讓人覺得這件事能幫助自己，而且還很有趣。關於如何有效閱讀，接下來我要把習得到並實質有效的方法，介紹給沒有習慣閱讀的人。

目錄就是書的節奏

一天要讀多少？很多人會用時間制定閱讀計畫，比如一天讀一小時或兩小時。

但這麼做，有時會讓人為了湊滿時間而忽略書中內容，只是一味翻書，心不在焉的浪費時間。

每本書都有個節奏，能展現出節奏的地方就是目錄。目錄是一種參考，告訴我們該在哪裡停下來。閱讀時如果忽視這部分，節奏就會突然斷掉，想直接從停前一次下來的地方接著讀，會很難抓到節奏，必須回到前面重讀一遍再重抓脈絡，這樣很沒效率。

因此，最好是能養成以目錄為主的讀書習慣，以每天讀一章或讀一節的方式，制定好目標再開始閱讀。

用手閱讀

若不想隨便讀一本書，最好的方法就是不只靠眼睛讀，手要一起並用，盡情的畫線、做筆記。

我的閱讀習慣除了**畫線**外，還會用螢光筆標記，也會在空白處做筆記，**三者皆**

使用不同的筆。使用不同顏色、不同筆觸的筆能讓人享受做筆記，寫下自身想法，用豐富的方式享受單調的閱讀（見下頁圖表10）。

第一次閱讀的人有時很難換行閱讀，而畫線有助於專注閱讀，就像走進作者的腦袋後再走出來一樣，拉近讀者和書本的距離，還有學到東西的感覺。

想記住的部分或重點用螢光筆標記，這樣以後一翻開書本就能想起重點。此外，顏色也有吸引視覺的效果。舉例來說，我會用紅色標記難以理解的部分，用藍色標記讓我得到好主意的地方。

在空白處寫上想法也很重要。閱讀時偶爾會產生疑問或是腦中閃過一些點子，寫下來就能抓住這些想法。這也能成為未來寫書或寫部落格等工作的準備階段。剛開始也許只能勉強寫一兩個詞，或最多一兩、句話，只要反覆選擇關鍵字來寫作，就能有邏輯的提出自身想法。

把讀書日期記在書上也很好，這樣能感受到讀完的成就感。過去十五年來我認真閱讀，重新翻開以前看過的書時，我能了解當時與現在的想法有什麼不一樣。不僅能確認自己的成長、動機，看著這些筆記，還可以再進一步擴展我的想法。這樣

圖表 10　用紅筆、藍筆、螢光筆，一邊閱讀，一邊做筆記。

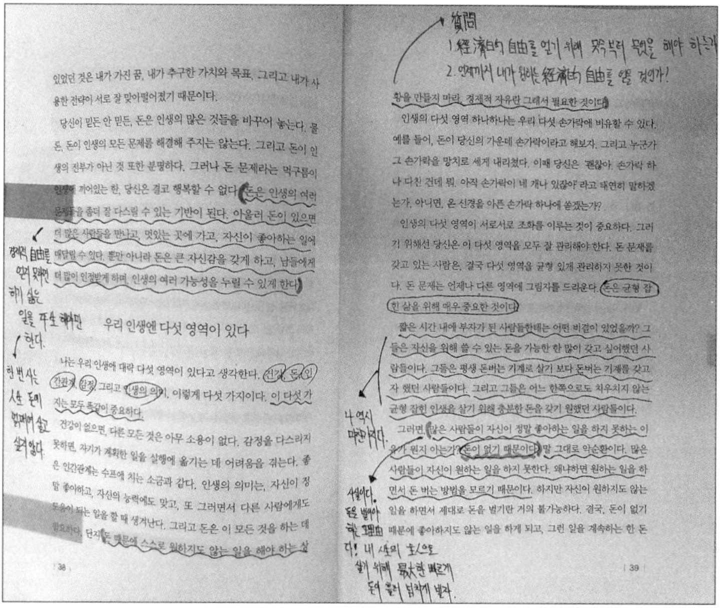
있었던 것은 내가 가진 꿈, 내가 추구한 가치와 목표, 그리고 내가 사용한 전략이 서로 잘 맞아떨어졌기 때문이다.

당신이 믿든 안 믿든, 돈은 인생의 많은 것들을 바꾸어 놓는다. 물론, 돈이 인생의 모든 문제를 해결해 주지는 않는다. 그리고 돈이 인생의 전부가 아닌 것 또한 분명하다. 그러나 돈 문제라는 먹구름이 인생에 끼어있는 한, 당신은 결코 행복할 수 없다. 돈은 인생의 여러 문제들을 좀더 잘 다스릴 수 있는 기반이 된다. 아울러 돈이 있으면 더 많은 사람들을 만나고, 멋있는 곳에 가고, 자신이 좋아하는 일에 매달릴 수 있다. 뿐만 아니라 돈은 큰 자신감을 갖게 하고, 남들에게 더 많이 인정받게 하며, 인생의 여러 가능성을 누릴 수 있게 한다.

우리 인생엔 다섯 영역이 있다

나는 우리 인생에 대략 다섯 영역이 있다고 생각한다. 건강, 돈, 인간관계, 감정, 그리고 인생의 의미. 이렇게 다섯 가지이다. 이 다섯 가지는 모두 똑같이 중요하다.

건강이 없으면, 다른 모든 것은 아무 소용이 없다. 감정을 다스리지 못하면, 자기가 계획한 일을 실행에 옮기는 데 어려움을 겪는다. 좋은 인간관계는 수프에 치는 소금과 같다. 인생의 의미는, 자신이 정말 좋아하고, 자신의 능력에도 맞고, 또 그러면서 다른 사람에게도 도움이 되는 일을 할 때 생겨난다. 그리고 돈은 이 모든 것을 하는 데 필요하다. 단지 돈 때문에 스스로 원하지도 않는 일을 해야 하는 삶

| 38 |

을 만들지 마라. 경제적 자유란 그래서 필요한 것이다.

인생의 다섯 영역 하나하나는 우리 다섯 손가락에 비유할 수 있다. 예를 들어, 돈이 당신의 가운데 손가락이라고 해보자. 그리고 누군가 그 손가락을 망치로 세게 내리쳤다. 이때 당신은 '괜찮아. 손가락 하나 다친 건데 뭐. 아직 손가락이 네 개나 있잖아' 라고 태연히 말하겠는가. 아니면, 온 신경을 아픈 손가락 하나에 쏟겠는가?

인생의 다섯 영역이 서로서로 조화를 이루는 것이 중요하다. 그러기 위해선 당신은 이 다섯 영역을 모두 잘 관리해야 한다. 돈 문제를 갖고 있는 사람은, 결국 다섯 영역을 균형 있게 관리하지 못한 것이다. 돈 문제는 언제나 다른 영역에 그림자를 드리운다. 돈은 균형 잡힌 삶을 위해 매우 중요한 것이다.

짧은 시간 내에 부자가 된 사람들한테는 어떤 비결이 있었을까? 그들은 자신을 위해 쓸 수 있는 돈을 가능한 한 많이 갖고 싶어했던 사람들이다. 그들은 평생 돈버는 기계로 살기 보다 돈버는 기계를 갖고자 했던 사람들이다. 그리고 그들은 어느 한쪽으로도 치우치지 않는 균형 잡힌 인생을 살기 위해 충분한 돈을 갖기 원했던 사람들이다.

그러면, 많은 사람들이 자신이 정말 좋아하는 일을 하지 못하는 이유가 뭔지 아는가? 돈이 없기 때문이다. 말 그대로 악순환이다. 많은 사람들이 자신이 원하는 일을 하지 못한다. 왜냐하면 원하는 일을 하면서 돈 버는 방법을 모르기 때문이다. 하지만 자신이 원하지도 않는 일을 하면서 제대로 돈을 벌기란 거의 불가능하다. 결국, 돈이 없기 때문에 좋아하지도 않는 일을 하게 되고, 그런 일을 계속하는 한 돈

| 39 |

邊讀書邊整理思緒，就能完全吸收書中的資訊。

不要把書放在書架上

我不喜歡書架。以前我會努力把書擺得整整齊齊，整理得乾乾淨淨，後來發現這個習慣不適合我。對我來說，書擺在書架上，只會讓那本書在我心中完全消失。

我會把書放在每天經過的地方，藉此不斷回想內容，成為長期記憶儲存在大腦裡。如果把書擺在各個顯眼的地方，就算只是重複看書名，也會不由自主想起書中的內容。

我所說的閱讀，並非在完成某事後才能優雅享受的興趣，而是為了學習與成長的一種生存方法。想有所收穫並內化，就要有相應的原則。無須完全照我寫下的三種方法做，可以觀察其他高手的閱讀法，找尋並創造出屬於自己的方式。

5 讀到的內容怎麼內化

剛開始閱讀時，我很在意自己讀了幾本書，以為讀多就是好事。然而看了這麼多書，也沒留下深刻的印象，幾天前才翻閱的內容都已經不記得，我甚至曾不小心重複買到自己讀過的書。

除非是記憶力超強的天才，一般人不可能過目不忘，而且也沒必要記住全部的內容。不過，如果閱讀就像往無底洞倒水那樣，讀完書卻什麼也沒得到，那閱讀還有什麼意義？

所以我開始在書本上畫線，標記自己認為重要的部分，然後把最喜歡的句子寫進筆記本裡，再加上自身想法，這樣記憶就能維持更久。

書讀完以後，只有靠自行詮釋並附上自己的意見，才算是內化成自己的東西。

進而影響我的想法與行動，產生良性循環，花在讀書上的時間與金錢才有價值。有些人只會埋頭苦讀，但若為了讀書而足不出戶，形同讀死書。無論是讀小說還是自我成長書籍，都應該與自己的思維連結並擴展，這才是閱讀真正的作用。

三種方法記錄並內化

讀了閱讀法相關書籍，也向讀很多書的人請教後，我發現要內化讀過的內容，就必須做兩件事。

那就是記錄。反覆鑽研並吸收讀過的內容，最好是用文字記錄下來。不用把這件事想得太難，抄下打動自己內心句子，有空時就反覆看看。可以記在筆記本、日記上，或是做讀書筆記。記在電子的應用程式裡也行，更方便記錄。

寫閱讀日記也很不錯。許多與讀書法相關的書都建議大家寫讀書心得。有人說寫讀書心得是為了內化讀過的書，也有人說是在確認自己的理解程度，還有人說是進一步創造屬於自己的知識。

有研究結果顯示手寫更能刺激大腦的活動。日本東京大學教授酒井邦嘉的研究小組，以四十八名十八歲到二十九歲的對象，讓他們先閱讀一段對話，等過一小時後再去了解他們記住了多少。

他們將對象分成三組進行實驗，分別提供紙筆、平板電腦與觸控筆、智慧型手機與觸控式鍵盤，結果顯示使用紙筆的受試者取得的分數最高。此時用核磁共振成像設備掃描他們的大腦活動，使用紙筆者大腦活動最為活躍。

在社群媒體上記錄也是好方法。正如前面所提過的，所有活動都能成為內容，我們能透過社群媒體來記錄，藉此培養自己的品牌。我的方式是先寫讀書筆記，然後編輯、上傳到社群網站，因為讀書筆記只有我自己看，所以能更自由的記錄。

寫筆記時請不要拘泥於形式，自由書寫。如果不知道該寫什麼，就用以下的方式記錄：

1. 摘錄三到五個打動人心的句子

如果剛開始太貪心，抄下太多內容，就很難消化。篩選印象最深刻的句子也是一種訓練。起初我也是把書中畫線的內容全都抄錄下來，不想忽略任何一點內容，然而這麼做不但讓人疲憊，也記不住。因此，最好的方法是只選五個左右的句子。

2. 每篇文章旁都寫上自己的想法與感受

透過自己的想法與經驗過濾書中內容，以感受到的東西為基礎，接著寫下自己想做的行動。

3. 把圖像也記錄下來

影印書封並貼在筆記本上，藉由實際圖像，能更生動的感受到那本書帶來的能量。有時我還會影印報章雜誌等各種媒體上的好文章，這是在編寫專屬自己的知識百科，而我也會在這些內容旁寫下自己的想法。

只要記錄，以後需要時就可以隨時拿出來看。如此一來，我就擁有絕對不會忘記的知識倉庫了（見下頁圖表11）。

圖表 11　作者看書時，手抄佳句、寫下想法，也會用圖記錄。

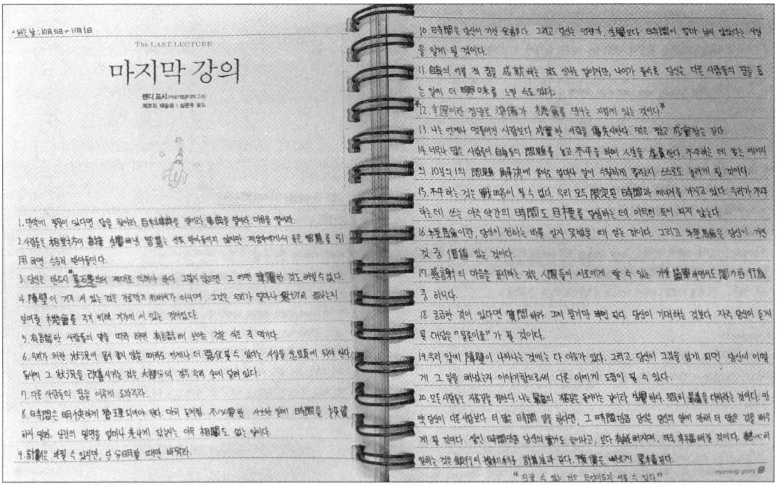

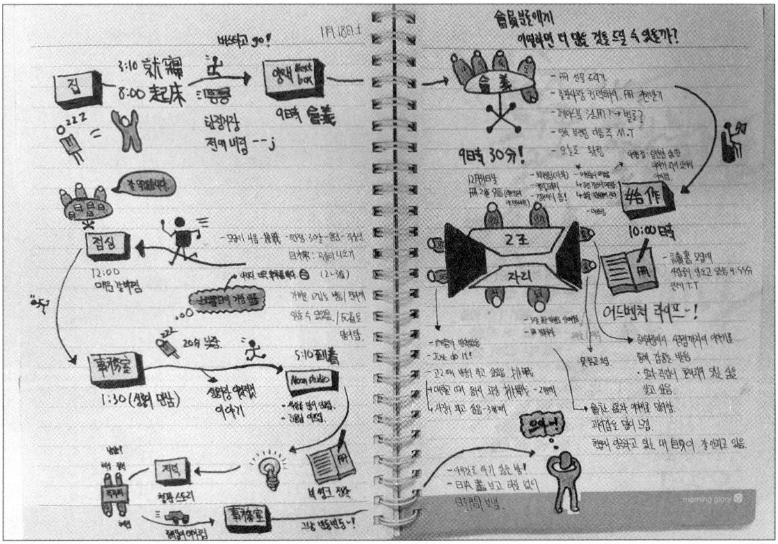

把記錄下來的東西背起來

雖然我會努力背這些記下來的句子，但是不可能全部背起來，所以一本書裡，我至少會努力記住其中最關鍵一、兩個句子。

因為經常演講，有人會問我是不是本來就那麼會說話，事實並非如此。我非常不會說話，所以經常苦思該如何把話說好並加以練習。也不是多讀書就可以能言善道，必須透過不斷的練習。

所以**我會一邊背名言佳句，一邊想像我要在什麼情況下引用這句話**，並大聲練習。回家時，我會提前下車，一邊走回家，一邊小聲的唸出那些名言佳句，藉此背誦下來，晚上在家對著老婆解釋這些句子直到自然流暢為止。

根據美國精神科醫師威廉．葛拉瑟（William Glasser）的學習金字塔理論，當人類使用主動學習法（按：指學習者參與活動，並使其思考他正在做以及學習什麼，如討論、體驗等）時，就能記得越熟。至於被動學習法（按：也就是所謂的死記死背，透過一直唸、背，不斷重複書中內容的讀書方法）的記憶率低於五〇%，所以使用主動學習法的話，記憶會更清晰。其中最棒的方式是教導別人，用這種方法，記憶率可達九五%。

所以，幸虧我有運用這個方法，就算沒找到對應的時機，我還是能講出名言佳句。當然，講課對我幫助很大，透過反覆講述，那些內容就深植我心了。

這種做法對我的態度與想法也帶來正面影響。尤其是我反覆閱讀《明心寶鑑》（按：成書於元末明初，內容皆出自《尚書》、《易經》、《論語》、《孟子》等中國歷代經典中的格言、警句）這本書時，裡面出現了與換位思考相關的內容，我把這段內容記錄並背起來，我的態度進而產生變化。即便發生了原本使我生氣的情況，如今會考慮到對方的立場，個性也變更溫和了。

結語

機運會避開什麼都不做的人

不久前，我想送禮物給努力奮鬥的自己，於是去了名牌店，但我發現根本沒有想買的東西，因為資產變多，所以不管買什麼，滿足感都不如從前了。我這時才意識到，現在應該要追求更高價值的事物了。

我並不是靠一己之力成功的，多虧有那麼多人的幫助我才得以成長。我很苦惱以後要做什麼，才能讓自己活得更開心、更有意義，我仔細回想自己什麼時候最幸福，才發現是自己在聽到別人說感謝我的幫助的時候。

如果能幫助和我一樣的孩子

想起不幸的童年，我開始幫助外國兒童，不知不覺間資助了四十位孩子，也會定期去育幼院做志工。但是後來發現育幼院的孩子自殺率很高，他們成年後離開育幼院，看不見出路而選擇自殺。

擺脫學校束縛進入社會時，連我都感到茫然了，更何況是沒有父母的孩子？我認為這並非每個月去做一次志工服務，就能解決的問題，從那之後，我便不斷思考，如何以長期且宏觀的方式提供幫助。

首先，要確保穩定的住所。因為我是房地產專家，所以我決定標下一棟住宅或公寓，為孩子們提供住所。

孩子需要能獨自活下去的環境，不如就透過連鎖事業，讓孩子靠自己的力量賺錢過活。在資本主義社會裡，單純靠勞動賺錢難以維持生計，再加上，我希望他們在小時候就能知道經濟與投資知識，所以就授予他們經濟學與投資學，如此一來，孩子們就能具備最基礎的自立能力。

如果接受幫助的孩子們能各自再引導兩、三個更小的孩子，成為他們的導師，進而建立起引導後輩的系統，這樣他們也許就能感受到把自身所學分享給他人的喜悅了。我不斷的在思考如何在力所能及範圍內幫助孩子，以及如何更有效執行這個計畫。

幫助他人的喜悅

我在單親家庭長大，尤其能感受到像我母親那樣的女性，她們賺錢養兒育女有多麼辛苦。媽媽們很辛苦，兒女也是如此。因此，我想打造能支持他們的堅實基礎，讓這些母親能夠安心工作，子女們也能好好成長。想開展各種事業，創造更多的就業機會。

為了取得一些建議，我認識了社團法人單親家庭協會 Hangazi 的其中一位執行長，他正在做發零用錢給國、高中生的事業。社會上有很多這樣的非營利團體，我希望能和他們聯手發展我的事業，透過捐出我公司的部分收益來支援孩子。

有了這樣的想法後，我開始著手準備設立社團法人。因為這是我第一次接觸到的領域，所以當然會遇到困難。原本只會闖禍、給社會帶來負面影響的我，透過閱讀書籍以及與人交流有所改變。如今我有能力了，能給大家帶來夢想與希望的同時，在經濟上也給予幫助。

由此產生了我人生的終極目標與哲學：「以我的強項為基礎，把自己的事情做好，讓他人與社會變得美好。」

資產開始增加後，從某刻開始就會出現錢無法滿足的事物，而那些空缺就用分享來填補。聽到別人感謝我說過的話能夠幫助到他們，最能讓我感到幸福。雖然我的生活也過得很辛苦，但我知道有很多人的生活比我更艱難，希望我能稍微彌補到那些人的人生空缺。

怎麼生活

我偶爾會去學校演講，不管問高中生還是小學生有什麼人生目標，大多數學生都會用職業來回答，說想當老師、公務員，還有些人會說想當房東或想賺很多錢。不僅學生如此，成人也會用職業或一些名詞來設定目標。

努力去實現目標固然好，但人生哪能隨心所欲，人們常遇到無法達成目標的情況。可能因此失落感會非常大，覺得沒別條路可走、自己很沒用。舉例來說，十年間都夢想成為運動員的人，若是因為受傷而夢想破滅，他也許會因為不知道要做什麼而感到徬徨。

因此，**不應該以「成為……」的方式設定人生的終極目標，而是要用「我要怎麼生活」的方式思考**。

即使當不成老師、房東或無法馬上賺到錢，如果人生目標是希望以自己的能力幫助他人，就算遇到失敗，我們還是能提出其他問題，從黑暗的隧道中走出來。我們在本書的最前面已經談過目標了，但因為這是很重要的部分，所以才在這裡再次強調。

幾年前的我認為自己的人生悲慘，沒辦法改變，並逃避現實。事實上，我之所以對人生感到無力，是因為我只想著扭轉我無法改變的事，但當我開始改變自己，換個環境後，某一刻起我的世界開始產生變化，而且變化速度越來越快。

現在我知道自己能改變的事物比想像中的多。

我之前的問題在於還沒開始就先害怕，不敢嘗試，或想一次改變所有事物。不過只要從小地方開始，改變自己的一天相對容易，這樣一天又一天積累起來，自己變了，人生也變了。

過去的已過去，未來還沒到來，此時此刻就是我們要盡最大努力的時候。